MAKE

成真 to 創意

KNOW

Make to Know

From Spaces of Uncertainty to Creative Discovery

「設計學院中的哈佛」ACCD榮譽校長帶你探尋靈感如何生成，
你可以從「未知」走向「實際創造」。

羅恩．M．布赫曼——著

LORNE M. BUCHMAN

譯——陳柏霖、吳郁芸

目次

前言　未知的創意——蘋果直營店的起源

「真實正是我們所創造的東西。」——詹巴蒂斯塔・維柯（Giambattista Vico）(1)

「一下子就要求得到完全清楚、明確的答案是個重大錯誤。幻想你的工作會突然變得清晰明瞭，並且自動告訴你怎麼做，這是不切實際的。你必須在真誠的探索過程中，通過不斷摸索和努力來找到答案。」——維爾赫姆・艾克隆（Vilhelm Ekelund）(2)

一九九九年某個秋天早晨，舊金山八號公司（Eight Inc.）的電話鈴聲響起，電話另一端是史蒂夫・賈伯斯（Steve Jobs）的長期助理安卓莉亞（Andrea Nordemann）。這通電話很快就被執行長提姆・柯比（Tim Kobe）接了起來——一年多前，八號公司才和蘋果公司合作發表新的彩色蘋果電腦（iMacs），而柯比最近才向賈伯斯提出新的零售通路想法。

「您好，史蒂夫對零售通路的想法很有興趣，想進一步了解你們的零售經驗。」電話那頭的安卓莉亞說道。

安卓莉亞電話中提到的「零售通路的想法」，正是後來人們熟知的「蘋果直營店」（Apple Store），這對當年的蘋果公司來說是極具突破性的提案。也許對現今的消費者來說，「蘋果直營店」已經是印象鮮明的品牌通路，但對當時的設計總監柯比而言，它只是一個模糊且充滿各種可能性的想法。透過柯比的回憶，你會驚訝地發現，「蘋果直營店」的誕生經歷了一段充滿失敗和不可預測的曲折過程。

「沒有問題！」柯比回覆，「我們能向史蒂夫展示我們的零售資歷。」

「好的，他正在前往你們公司，大約十五分鐘後抵達。」安卓莉亞說。

意外的轉折就此開始。

柯比回想起與蘋果公司的夥伴關係：「事情要從一九九八年的合作開始說起。自從蘋果公司與八號公司合作以來，史蒂夫一直相當尊重我們的專業判斷。特別是當他看到合作的彩色蘋果電腦問世，他才意識到，自己創造的並不只是一台電子機械，而是一項具有美感的消費性商品——我們只是在 MacWorld 商展上把它們放在一個大燈光桌上照亮它們，讓蘋果電腦在世人面前閃耀。」

當時蘋果公司靠著彩色蘋果電腦翻轉整個產業。柯比回憶：「在這項產品問世以前，業內從來沒有這種色彩想像，機身使用的除了米色就是灰色，或是其他相類似的設計。」柯比的團隊帶起色彩革命，扭轉了蘋果電腦的命運，這讓賈伯斯非常開心。「史蒂夫體會到，我們的團隊並不只是為了商展做出新的產品，而是企圖打造出新的明日之星。」柯比說，「他認為我們真的做到了。」

在一九九〇年代末期，柯比其實有一個更大的想法：為蘋果公司的建立零售通路。「我們一年會舉辦三到四場活動，例如首場彩色蘋果電腦的 MacWorld 發表會就在舊金山舉辦，接著前往紐約、巴黎和東京等城市。早在舉辦發表會前，我就寫下白皮書告訴史蒂夫，為何蘋果公司需要發展自己的零售通路。

「過去八號公司曾與耐吉（Nike）和北臉（North Face）合作，這兩家製造商都曾經將它們的產品委託第三方零售。以耐吉為例，它們的商品被放在 Foot Locker 的商場販售，但是在那裡它們的品牌無法突顯出來，無法有效地傳達它們的品牌理念與產品價值。最終，它們決定成立自己的耐吉城（Niketown），來銷售他們完整的產品線，但它們必須有策略地進行銷售，而不致於犧牲像 Foot Locker 這樣經銷商的銷售量。有鑑於此，我認為蘋果公司也需要一間指標性的零售商店。」

柯比的直覺是正確的，因為結果證明，賈伯斯對於提升蘋果公司品牌訊息，以及對自家品牌掌控的方法十分感興趣，而當時確實是發展品牌旗艦店的時機點。因為在一般的店家裡頭，蘋果的商品和微軟等其他的電腦產品擺在一塊兒，而銷售人員並不熟悉蘋果公司的產品。賈伯斯當時非常重視這個問題。

蘋果公司曾與八號公司合作，在日本的多個地點，嘗試開發「店中店」（shop-in-shop）的概念。根據柯比的夥伴威廉．奧赫（William Oehl）回憶，「店中店」的嘗試就是蘋果直營店的前身，這間商店的原型開啟了後續的可能性。(3) 雖然這項嘗試從日本延續到美國本土（一開始是進駐舊金山和紐約的 CompUSA 商城），也在當時創造出銷售佳績，但依舊沒有解決第三方零售的問題——品牌仍無法精準地向消費者傳達它們的核心理念與品牌訊息。

我們打開提姆．柯比的白皮書，可以發現《旗艦通路的可行性報告》早在一九九六年就被提出，他在執行概述中，定義了這項機會，並為一項極富野心的零售計畫埋下種子：

「蘋果電腦的形象必須一以貫之，因此，未來如何掌控蘋果的品牌訊息，是非常重要的策略目標。目前蘋果公司的產品在零售端給人的訊息與印象是模糊的。無論是對大眾媒體或是業內人士，它們似乎比企業本身更樂於闡釋它們的品牌。如此一來，消費者對蘋果公司的形象必然產生混淆。癥結在於蘋果公司缺乏自己的『資訊工具』。隨著產業競爭越來越激烈，只有過往的展銷管道是不夠的，如果蘋果公司希望其品牌戰略更新成功，就必須認真考慮其他展示形式。」(4)

十五分鐘後，賈伯斯就抵達八號公司，並要求在會議室見面（其實當時他們根本還沒有會議室）。柯比回憶：

「那個時候我們只有一張會議桌，我和我的夥伴威廉邀請史蒂夫坐下。在那個年代，還是用投影片來展示作品。我們手上有一些 4×5 的投影片，就開始向他展示我們為耐吉和北臉所做的一些案例。只不過，當史蒂夫看完以後卻告訴我們：『我可不可以直接說，我一點都不喜歡這些案例，它們完全不能代表蘋果的精神，你怎麼說？』我看見夥伴威廉的下巴簡直要掉到桌上。

「我調整自己的心情，堅定地看著賈伯斯說：『這是為我們的客戶耐吉和北臉所量身打造的商店。』史蒂夫回答：『當然。但是如果它們不能呈現蘋果的精神，我為什麼要將案子委託給你？』我說：『正是因為它看起來一點都不像蘋果的店面，所以你才應該委託給我們，我們會為蘋果打造符合蘋果精神的商店。』

「史蒂夫思考許久，他知道我又在挑戰他的想法，我也知道史蒂夫是在運用這種策略來給我們施加壓力，他想看看我們會頑強屹立，還是就此倒下。最後他站起來走向門口，與我們握手說道：『我還不確定你們是否有足夠的零售經驗。』隨後便走出八號公司，留下我和威廉面面相覷。我們不清楚自己是否被雇用了？直到兩天後，賈伯斯才撥電話來說：『來吧，我們開始工作吧。』於是，我們開始在白板上描繪藍圖。」

在白板描繪藍圖？怎麼回事？我們以為極富想像力的賈伯斯，一定有對這個革命性的零售空間有所想像——他一定知道自己要什麼。毫無疑問地，賈伯斯在我們的心中，是發明蘋果及其創新產品的天才設計師。

毋庸置疑，這間美麗的商店，如今已遍布全球數千個地區，總是人滿為患，正是這位備受讚譽的領導者偉大遠見下所創造出的成果。

無論是開闊的空間、平台的展示、天才吧（Genius Bar）的設計，或是透過美感經驗邀請顧客親自體驗產品。除此之外，從玻璃、木料的選擇，到精準的色彩設計，以及直覺性的空間布局，所有的展示空間都是有策略地精準規畫。我們必定會猜想，這一切是否都來自賈伯斯的腦袋？就像古老的神話中，宙斯賦予美麗的雅典娜生命一般。我們現在知道蘋果直營店改變了美國和海外的零售市場格局。但實際上它是如何獲得這一卓越成果呢？

柯比向我們解釋，其實在設計蘋果直營店時，並沒有所謂的設計展望。起初大家根本沒有任何的預想。柯比認為，賈伯斯是一位需要透過反覆改進的過程，並最終透過直覺做出決定的人。「史蒂夫是個思慮敏捷且邏輯清晰的人，他會說明某件事情會造成某項結果。你這裡有個邏輯漏洞，回頭再去修正吧！但如果我們認真地通過邏輯考驗，他便會翻轉思維，表現出自己直覺行事這一面，他會讓你知道，他覺得哪裡感覺不對。」

我詢問柯比：「聽起來賈伯斯並沒有固定的方向，他需要靠創意參與來找出自己所要的東西。許多傳聞顯示，賈伯斯的工作方式是：深入議題以後，組織內容並且感受它們，直到他想出結果可能會是什麼樣子。」

「沒有錯。」柯比肯定我的觀察，「我們從泡泡圖（bubble diagrams）開始設計商店，他只說讓我們試試這個、讓我們玩玩那個。然後我們開始畫些草圖，甚至做些小模型。我們幾乎每週都做出不同的小模型，然後，開始在樣品屋中製作實體大小的模型。我們每週用泡棉做出實際大小的物件，賈伯斯會在周圍走動，觀察並感受店面的氛圍，一切都在演變，直到我們確認這就是符合蘋果公司的精神。過程中我們淘汰許多的想法，比如說過度自溺的設計，或是技術上無法製作的物件。當我們發現它無法實踐，就將它拆掉或移走，重新製作其他可能替代的方案。」

「對於直營店應該多大間，史蒂夫根本沒有想法。」柯比說，「他只有提出希望店面能夠大，但是我們回答：『可以呀，只不過你的商品只有四種，PowerMac、iMac、iBook和PowerBook。如果你想要大一點的商店，你必須放進更多的東西。』起初的基礎只有這樣。最後，我們才被交付任務，指示商店必須展現蘋果的核心價值，這也是後來為什麼不同的店面元素會被陸續設計出來。」(5)

在蘋果直營店的背後勢必有一套零售概念，只不過這套商業模式早已被無數的品牌使用過（諸如North Face、Nike、Sony、Disney、Levi's……等）。最終使蘋果直營店顯得獨一無二的決定性因素又是什麼呢？

正如柯比在上文中所解釋，蘋果直營店的設計之所以獨一無二，主要原因就在於，設計團隊始終奉蘋果的核心價值為最高的指導原則，並以此作為計畫的切入點，雖然過程中充滿不確定性，卻驅動團隊朝某個方向共同前進。

柯比反思：「當我們思考：是什麼讓蘋果變得如此特別？我們想到的並不是為工程師所設計的工具，而是為『人』所設計的科技產品，這就是滑鼠的作用——蘋果公司的產品並不只是用來敲敲鍵盤、寫寫程式碼而已——讓科技更加人性化，這就是蘋果的獨特之處，也是其核心價值。為什麼史蒂夫要一直努力推廣麥金塔電腦（並因此受到許多批評），正因為他知道，這是讓科技能夠被大眾廣泛接受的正確做法。」

回頭來看，我們能夠發現八號公司在他們的設計中，採取多種方式實踐蘋果的核心價值。柯比說：「我們必須設計出一間容易逛的商店，所有東西都必須讓人們感到舒適，並且似乎在對你發出邀請。不同於傳統的零售空間，蘋果直營店非常地寬敞，而且充滿直覺性（就像蘋果的產品）。各種體感細節、環境氛圍、服務人員都是重要的，我們試著在每一個與消費者的接觸點創造這樣的品質。史蒂夫希望在店面工作的人都能熟悉科技技術，卻又不至於忘記人與人的互動；換句話說，他希望服務人員能夠具備科技知識，又能在與消費者的互動中保持熱情與活力，盡可能在這中間達到良好的平衡。」

蘋果公司的擴張時期加入許多關鍵人物，包括一九九九年被賈伯斯邀請加入蘋果董事會的服飾品牌 Gap 執行長米拉德（Millard "Mickey" S. Drexler）。米拉德是知名的零售專家，他投注許多心力在這項工作的溝通上。柯比回憶：「米拉德是傳統的零售專家，他崇尚以量取勝，主張『把產品堆得像天一樣高』。只不過，史蒂夫很快就發現他不喜歡這樣的模式，他想要完全相反的東西。」（6）

但若沒有米拉德的建議，蘋果商店最終店面設計，就不會呈現出開放、通透的感覺。根據華特・艾薩克森（Walter Isaacson）寫的《賈伯斯傳》（*Steve Jobs*）與歐洲工商學院（INSEAD）的案例研究指出，米拉德曾建議設計團隊，在蘋果公司位於庫比蒂諾總部附近的倉庫開發一個「等比例的零售空間原型……甚至連最細微的細節都保持一致」。

柯比告訴我們，那個空間被用來發展新觀念、探索各種新的可能，這對大眾來說一直是個祕密。根據柯比的說法，在這個背景下，賈伯斯開始明顯表現出對於嘗試與創新過程的欣賞，並且他本人也對這個能進行全方位測試與探索發現的場域讚不絕口：「米奇（米拉德的暱稱）提出最棒的建議，就是讓我們租了一間倉庫，打造一個店面原型。」[7]

柯比也意識到，在設計的即興思考過程中合作的重要性。「我們的團隊會在『週二聚會』（Tuesday meetings）時聚集在一起，成員大約有十五位，並參與演進與製作過程，很多的決策都在過程中有所變化。」

我請柯比描述更多細節，比如他們是如何設計出適合展示產品的桌子？「首先，我們試過很多材質，幾乎每週嘗試一種，但最後發現設計中的自我意識愈來愈強烈。所以，我們又回到原點。我們必須找到明確的方式，讓產品像個明星一樣——消費者必須先看到我們的產品，然後才是展示物件。此外，我們也發現展示物件不能隨著商品更換，因為史蒂夫會一直創造新的產品，而我們的任務是創造一個有機的展示空間。最後的成果，就是你們所看見的大木桌——就像是大型的『帕森斯桌子』（Parsons tables）。」

柯比繼續說明：「我們照樣每週見面，製作小模型，建造原尺寸模型，最後甚至爭論是否要將桌子厚度再增加二十公分。整段製作的過程中，我們不斷透過嘗試，找尋適合『蘋果精神』的設計。最後，我們認為展示桌必須要開闊、大氣。」

我問柯比：「你知道桌子最終可以呈現這樣的社群氛圍嗎？我是指在零售空間呈現出精巧又具衝擊性的氛圍。」

柯比回答：「一切都是在過程中慢慢找出來的。透過體驗、感受和理解，這就是我們一直在做的。我想促成這一切的，其實是美麗的意外。」

很快地，團隊發現另一個設計上的問題：店內的燈光如何影響商品的呈現。在與佛羅里達州的燈光設計師合作之後，他們才發現實體店面會出現的棘手問題。

「蘋果的商品攝影非常優秀。」柯比說：「在照片中，你可以看見完美無瑕的高光——這一切都要歸功於柔光箱照明效果，它能使產品看起來有極佳的視覺感受。但是我們發現，若將文宣擺在桌面時，一旁的產品看起來並沒有照片中美麗。那就像在向消費者傳達『蘋果並沒有想像中吸引人』的錯誤訊息，令人產生廣告不實的印象。我們認為，產品必須跟照片中一樣光彩奪目地出現在消費者眼前才行。」

用柯比的話來說，他們的挑戰是「讓商品在牆面和桌面同樣光彩迷人，同樣完美。」他們幾乎試過所有的方法，柯比說：「我們花了非常多的時間在嘗試，最後找到一個叫『游牧者』（Nomad）的照明產品，它是一個乙烯基熱感物件（vinyl heat-formed material）。我們做了一次又一次的模型測試，試著在產品打出如攝影棚的柔光效果，更嘗試其他彩色燈光或是意外光源下的效果。在各種測試之下，產品終於看起來跟形象廣告一模一樣。我們總算解決這個問題。」[8]

店內的所有設計都關乎消費者體驗。關鍵是如何讓消費者產生「共感」，但這並不是賈伯斯一開始預期的事情。他必須透過團隊的合作，經由多種嘗試來探索各種可能。有時他會同意嶄新的創意，有時會拒絕它們，在大量的草圖、模型、測試中反覆進行。總而言之，蘋果直營店並不是他一開始就預見的內容，而是經由一連串製作、組織、美化的創意進程，最終找到它的模樣。

柯比確信，創作過程本身，就是一種「了解消費者核心體驗，以及受到他們認可」的設計方式。「史蒂夫把自己當成一名使用者，若是我們的設計想法無法吸引他，那麼我們便不會採用。唯有自己體驗過，他才會知道我們應該拋棄什麼、留下什麼。」

最後，柯比和我談到芝加哥蘋果直營店的石材軼事。

「我們使用的是來自美國印第安納州的石灰岩。當時我們剛完成 Gucci 在芝加哥的專案，所以非常清楚密西根大道需要什麼樣的石材。我們很快地取得印第安那州的石灰岩，開始討論我們該如何表現它：它應該是平滑的嗎？應該加上紋路嗎？要能度過寒冷甚至下雪的天氣吧？我記得當時我們花了二至三個月，四處找尋不同大小的石材。史蒂夫只用一天的時間看過所有的石頭，忽然說：『我覺得我們太蠢了，這完全是錯誤的方向。芝加哥是會下雨的，我們卻在風光明媚的

上圖和下圖：第一間蘋果直營店的外觀和內裝，2001 年 5 月 19 日開幕，位於維吉尼亞州的泰森斯角大型購物中心（Tysons Corner Center mall）。

加州盯著它們瞧！』於是他要求我們準備水，搬來好幾桶水倒在石頭的模型上，花了近五個小時盯著濕掉的它們，每一角度都不容錯過。這些資訊對往後的設計產生極大的幫助，讓我們總是確保，石頭無論是乾的或濕的，都是最美麗的狀態。」

透過柯比設計蘋果直營店的過程，顯示了這個十分成功的計畫，是如何透過不斷改進和完善創意的過程、試驗和即興創作而來。他的故事顛覆了關於賦予蘋果直營店誕生的遠見天才神話。

毫無疑問地，柯比與他的團隊，甚至賈伯斯本人，都全心投注許多心血，透過設計的漫長歷程——包含繪製草稿、打樣、製作模型、解決問題、研究與測試，還有為了解決問題而產生更多的問題和意外，以及所有參與者之間無數次的討論與溝通——最終才獲得設計的知識。

從以上的故事，我們可以發現一些重要的元素，我稱作「求知而行」（make to know）。這是本書想要傳達的重要概念，非常意外過去少有文獻提及。「求知而行」是通過實際創作，穿越未知、走向實際創造的過程，而我將透過這群多樣且才華洋溢的藝術家和設計師的故事，向您揭示創意之旅的啟發性。

一

框定問題

> 「在蛋殼破掉以前，我們並不知道自己孵的是什麼。」——托馬斯・斯特恩斯・艾略特（T.S. Eliot）[1]

> 「如果我能夠清楚自己的思想，我便無須寫作。」——瓊・蒂蒂安（Joan Didion）[2]

美國雕塑家亞歷山大・考爾德（Alexander Calder）曾說：「我在操弄金屬線時，最能夠幫助我思考。」義大利小說家安伯托・艾可（Umberto Eco）在他小說《玫瑰的名字》（*Il nome della rosa*）後記提及：「當我寫到約爾格出現在圖書館時，我並不知道他是兇手。小說中的他只是按照自己的意志行動而已。」[3]

藝術家安・漢彌爾頓（Ann Hamilton）在談到創意發展的不確定性時，也曾提出類似深刻的問題：「你該如何『培養』一個空間，允許自己做完全無法理解的事？你該如何『培養』流程，讓你對創作過程中可能出現的結果做出回應？你如何『培養』一個能讓你沉浸於未知的空間？」

使我感到興趣的，是三位藝術家反思的共通之處：他們在創造性的「參與」與「探索」、「創造」與「求知」之間所建立起的內在聯繫。

對考爾德來說，他的創意想法充分表現在金屬線創作的過程中——在實際操控創作材料的過程中，考爾德是在思考，他因為創作而思考。安伯托・艾可認為，小說本身會自行揭露它的情節

——他因寫作而知曉。而安．漢彌爾頓則是發展一個未知的領域，在創作中自然產生的創意過程來捕捉她的作品——她創作，所以她發現。

在我的專業職涯中，曾經擔任過劇場導演、作家、教師、大學校長。我反覆觀察到許多事物的創造過程——無論是劇本、書籍、教室體驗還是學校——對於我的學習和認知事物至關重要。身為一位戲劇導演，我總是訝異那些能夠坐在桌前排練劇本、活力充沛地在劇本邊緣加上註解的人，這完全不是我能做到的。但是，只要實際進入排練場與真正的演員一起工作，我便能經由演員的動作，洞察我所需要的效果，透過試驗性的排演預見未來的舞台呈現。換句話說，我必須透過演出的「行動」，來獲取我對戲劇的「知曉」。

身為一位寫作者，我總是著迷於「文字是自行生長出來的」這樣的說法，尤其小說家們總是說：「是角色自己告訴我他們想說的話。」我完全明白他們在說什麼。雖然大多數時間我都在寫作中搏鬥，但我也曾有過這種美妙的經驗——感覺有什麼外來的事物接管一切，我就像是轉換到另外一個頻道，進入心理學大師米哈里．契克森米哈伊（Mihály Csíkszentmihályi）所說的最佳心流狀態。如同小說家瓊．蒂蒂安所描述的，在這樣的狀態中，寫作開始揭露它的本質，讓我們足以穿越晦澀難懂的自我通道。

同樣地，「求知而行」也適用於我在教師與校長時期。在這個階段，我已經發展出經常使用框架、詰問與觀點，以及根深柢固的原則；但是我仍不能知曉未來的方向，直到我投入其中進行探索。換句話說，我必須深入創意的「行動」，才能夠「知曉」背後的意涵。

設計師提姆．布朗（Tim Brown）曾經分享自己的經驗：「相較於單純思考如何創造，我們更應該為了求知而行動。」[4]但是傳統觀念卻告訴我們相反的流程：首先設計師先有一個願景，然後在創作中實現那個願景。大部分的人被教導像米開朗基羅（Michelangelo）一樣，先在石頭中看見天使的形象，然後動手將多餘的部分去除，讓理想的天使被釋放出來。我專訪過的許多藝術家也同意，他們的作品確實有時會先想像、再執行。身兼插畫家與藝術家的艾絲特．珀爾．沃森（Esther Pearl Watson）也曾經說道：「有時我就是知道我要什麼。我有願景，並且讓它成為真實。」但是她也補充，這是很少見的狀態。

我為本書採訪的大多數創作者，並不認為他們的作品出自於事前安排好的願景；相反地他們認為，自己的作品是在創作的過程中，一點一滴演變而來的。他們的觀察揭示了創作發展過程中各種複雜而豐富的面向，以及其本身所帶來的意外驚喜和新發現。因此，這將會是一本關於「作家如何面對空白的稿紙、設計師如何解決複雜的問題、裝置藝術家如何與空間和材料互動、演員和音樂家如何即興創作和演出」的書——它將為您揭示，藝術家們如何走過自己的創意之路。

動畫《凱文的幻虎世界》（*Calvin and Hobbes*）的作者比爾．華特森（Bill Watterson）曾說：「事實上，我們大多在抵達終點時，才會看清楚我們為何前進。」[5]

熟悉與未明的事物

那些曾與我交流過的人，不論是以正式還是非正式的形式，都普遍同意「求知而行」這個概念。這個概念對於自認為藝術家、設計師，或是不認為自己是創意工作者的一般人來說，都能產生共鳴。這個探索與學習的概念，能夠運用在生活的不同層次上，包含日常生活、心靈成長，或是自我探索，並且，他還與一些人的人生領悟密切相關。每當我向人們提及這件事時，最常得到的回應是：「這對我而言真是太有意義、太讓我驚訝了！我的工作與生活完全符合『求知而行』的歷程，但我竟然從來沒有從這個角度思考過。」我不禁想，如果「求知而行」是如此普遍的經驗，為何我們鮮少定義它？

毫無疑問，「透過錯誤來學習」是藝術家、設計師在執行創意工作的必經之路。(6) 但就我所知，並沒有人特別將創意工作的「行」與「知」連結起來，或對其影響進行更深入的研究。(7) 為何這樣的思考被長期忽略呢？我們是否有更有力的反向論述，能夠創造新的對話？

為了解決這些疑惑，也許可以回頭更仔細地檢視前面提出的想法：人們普遍相信，藝術家在執行創意之前就有過人的洞見（我認為我應該更清楚地表達，這邊所提及的「藝術家」一詞的意義較為廣泛，包含創造各種創意表現形式的「創意發想者」）。本書將專注於人們如何經驗「求知而行」的過程，以及他們如何發展與實踐多元的創意。但本書的目的，是希望重新審視傳統創意論述中「先知後行」的思考框架。

被曲解的創意學：天才、瘋狂與神性靈感

雖然我所採訪的對象普遍認同「求知而行」的主張，但他們同時也認同藝術是「感知先行」這種根深柢固的普世價值。當我問他們為什麼如此深信不疑？得到的回覆卻是千奇百怪。

對某些人而言，答案很簡單，因為人類總是受到天才的吸引；而有些人則從社會經濟的角度來看，認為是藝廊為了銷售作品而吹捧藝術家的「洞見」；也有一些人開玩笑地說，這是教授、博物館學者為了充填自己的學術價值，而誇耀藝術家對世人的「啟發性」——尤其是當作品對大眾而言顯得遙不可及或稍嫌晦澀時，他們能夠發揮的空間就很大。又有一群人認為，西方社會正是透過這種遠大洞見的神話，在支撐著他們的文化傳統；最後，甚至有些人推崇藝術家是某種治療師、預言家，或是神祕主義者。若基於以上的理由和對天才的崇拜，我們很難明白，為何遠大的洞見足以使藝術家創作出他們的作品。

先不論這些論述是否準確，在西方文化中，具有獨特洞見的藝術家還是相當受歡迎的，幾千年下來，甚至已經成為一套模組——由男性主導的美學定義，由男性創造並為男性服務。這套西方的創意發展進程，很明顯地排除特定種族與性別，甚至推崇藝術的菁英主義，處處影響我們對

藝術家創作的理解。

天才、瘋狂和神性靈感這三個深具歷史影響力的觀點，長期形塑我們如何看待創意實踐，以及藝術家應該具備的傳統特質。這些觀點（經常出自於同一人）長期占據創意發展的論述，並阻擋我們理解「求知而行」的概念。

⊙天才是通往偉大創意的通道

早期我也曾經相信，偉大的藝術作品只有天才能夠創造出來。我記得在小的時候，曾經聽說貝多芬能在腦中「聽見」偉大的旋律，對此我感到萬分著迷，使我相信確實，有些人天賦英才，就算失去聽力，也能從內心聽見音樂並創作出來。一個失聰的天才，創造出動人的音樂——多麼美麗的童話故事！他僅僅是「感覺到」音樂，並將其幻化成經典樂曲，呈現在世人面前。多麼奇幻，多麼美麗啊！

而米開朗基羅又是另一個影響我看待創意的故事。傳聞這位大師在一塊大理石中看見天使的模樣，並將其雕塑出來——這個故事對我幼小的心靈產生巨大的衝擊，他能夠預見並且創造藝術，這是多麼超凡可畏的能力啊！

我敢打賭，我們大多數人的記憶中，都有這些藝術大師的傳說。天才藝術家的說法早已流傳許久，許多歷史學家和學者教授都曾寫過這種觀念的演化，特別是達林·麥克馬洪（Darrin McMahon）所寫的《聖怒：天才的歷史》（*Divine Fury: A History of Genius*）一書，更是點出，過往的人們如何持續關注這種少數但卻具有非凡特質的人，時至今日我們仍對天才一如既往地迷戀。

麥克馬洪追溯各種天才的定義，發現源頭可以回到古老的「守護靈」概念。書中探討了浪漫主義時期（Romantic period）那些受靈感驅動的超凡藝術先驅，講述了人們對這些被美化的藝術家的看法，如何在十八世紀新古典主義傳統的對稱與秩序中找到意義。

麥克馬洪推斷，當代的天才的概念，正是源自於那個被我們稱為「啟蒙時代」的光輝解脫之地。(8) 順著這個脈絡，他發現基督教的祈禱傳統中也具有神性的天才崇拜，認為他們是被聖靈（Holy Spirit）所充滿。但是最後，麥克馬洪指出一個重要的癥結，那就是：關於傳統的天才崇拜與現代的平等觀念之間，重要的張力關係，雙方的拉扯將持續影響我們如何看待創意的發展，以及我們如何參與其中。

哈佛大學研究莎士比亞的教授瑪喬麗·嘉柏（Marjorie Garber）在二〇〇二年發表的文章〈我們的天才困境〉（*Our Genius Problem*）提到，所謂的「困境」在於我們對天才的著迷，並期待天才能將我們從技術、哲學、靈魂和美學的困境中拯救出來。(9) 與麥克馬洪一樣，嘉柏認為這是人們普遍對天才概念的癡迷，還有對最高形式的迷戀。麥克馬洪稱之為「天才宗教」（the religion of genius），嘉柏則定義為一種「沉迷」（addiction）。最後，嘉柏也點出，這種「沉迷」

如何影響人們對創造力的關注？對此她進行了深刻的反思：

「如果我們時時提醒自己真正重要的是創意和發明，學會區分思想與人格的力量，那麼，我們將受到較少的誘惑而不過度推崇天才，以為他們才是高階的文化英雄。願我們思考事物的本質大過於外顯的力量。我認為，我們所需的並非一個新的詞彙，而是一種新的思考方式。」(10)

天才（genius）的字源來自拉丁文的「genui」和「genitus」，意思是創生、創造或製造。這個詞彙也意指預言的能力，以及氏族男性的「gens」精神（原意是生育的能力）。最初的時候，「genius」就是意含多產的、播下種子的，但是這種生產力僅和男性有所關聯。在早期的羅馬神話中，天才是男性生殖能力（特別是父親）的化身；而與此相對的，是和女性相關，代表婚姻與生育的朱諾（juno）。

在古代的羅馬，「genius」也是家庭和場域的守護神，是人們為了生產力而崇拜的神祇。「genius」這個詞彙通常和「locus」（發生地）一起出現，指的是受到神靈庇護的生育之地，包含房屋、區域，甚至是整個帝國。以羅馬帝國為例，帝國的「genius」指的就是羅馬帝國的「genius loci」（地域精神）。

麥克馬洪認為，我們現今的「天才」來自於十八世紀的定義，特別是由康德在《判斷力批判》（*Kritik der Urteilskraft*, 1790）一書中提及的藝術與天才的關係。正如作家伊莉莎白・吉兒伯特（Elizabeth Gilbert）在二〇〇九年的 TED 演講談到創意時，巧妙地提到：現在的定義正從古典的「迎來天才」（做為地方的守護、外在的影響力、創造力的精神）轉變到當代的「成為天才」（某種內在的力量）。[11] 而康德的闡釋正是這項歷史轉折的標竿。

康德在第三批判〈當代藝術就是天才的藝術〉中主張，只有非凡的創意技藝才足以解釋為何藝術存在於世上。雖然他對天才的研究涉及許多複雜層面，但我們已足以明白康德的觀點，那就是天才與崇高藝術家的緊密關聯。在他的批判理論中有段知名的論述：

> 「天才就是天賦，能夠賦予藝術規則。由於天賦是藝術家天生的能力，也只存在於他們身上，因此我們也能這樣理解：天才是一種心靈特質（ingenium），而大自然透過這項特質，賦予藝術規則。」[12]

這段論述值得我們細細思索，因為這近乎總結當代對於天才的定義，直至今日仍是如此。康德認為，偉大的藝術家天賦才能，能夠創造與定義作品。從那時候開始，哲學家便將藝術家的想像力視為自然的產物，而天才則是自然系統下的既有存在。天才就是天賦，天賦就是自然，而自然（經由天賦）為藝術劃定規則。

康德進一步解釋，天才透過日常的判斷與思索，將「靈魂」或「精神」注入原本毫不顯眼的作品。天才能夠觸及超越日常理性和思考的領域。天才展現出人類的最高水準，也就是自然的偉大闡述。對康德而言，上帝就是最偉大的藝術家，而上帝最初的創造，就是啟動人類對於自身能力的理解，天才就是通往偉大創意的通道。

浪漫主義時期的人們，非常直接地繼承了康德的思想。他們將感情和直覺置於理性之上，作為美學才能和通向崇高的源泉，近乎英雄式地崇拜個人的想像力。重視個人與主觀思維的他們，極為享受在自然中表現人類的想像力。和康德一樣，浪漫主義的人們相當重視「天賦」（ingenium），也就是個人內在的自然特質。他們將創造性的遠見視為超凡的價值，期望能將靈魂與物質結合在一起。在浪漫主義的人們心裡，情感豐富、自然率真、表達深刻，以及和諧的思想與感受，都是一位偉大的藝術家受人景仰的特質。

在十八世紀晚期，也是浪漫主義的鼎盛時期，「天才」這個詞彙顯然指向如神一般、能夠透過內在精神創造藝術作品的人。這種對於藝術神性的理解，建築在天賦才能上，天才能夠將真正的藝術作品和平庸的仿冒品分別開來。世界上有神聖的藝術，也有拙劣的人造之作，只有身懷藝術天賦的天才，才能將自然的神祕與美揭露出來。

然而，當代哲學家克莉絲汀·貝絲碧（Christine Battersby）在她的《性別與天才：迎向女性主義美學》（*Gender and Genius: Towards a Feminist Aesthetics*）一書中，就從女性主義的角度，重新審視天才的歷史。貝絲碧試圖透過古今女性藝術家的成就，來重新建構女性的美學。她提出兩個過去受到廣泛認同且與性別相關的美學觀點：美（beauty）和崇高（sublimity）。前者和女性氣質與其被動性有關，後者則和男性氣質與其主動性有關。[13]

如同麥克馬洪和嘉柏，貝絲碧也提供一種批判分析——關於人們和天才之間的關係，以及這些觀點如何影響大眾談論創意。我們從她著作中的女性觀點，更容易揭示過去美學歷史中對女性的忽視與偏見；而這些偏見至今仍持續影響著我們，限制我們對創意的理解，認為藝術就是神話般的男人實現他的崇高理想。

隨後，整個十九世紀都瀰漫著對天才的迷戀，一直延續至今。儘管（或是肇因於）這種男性與白人種族主導的狹隘定義，使我們無法擺脫這種迷戀，但世面上有無數的方法教導你如何成為一位天才，甚至是使你的小孩成為天才。

如今仍有許多當代電影是關於天才的故事，例如《美麗境界》（*A Beautiful Mind*）、《阿瑪迪斯》（*Amadeus*）、《心靈捕手》（*Good Will Hunting*）、《愛的萬物論》（*The Theory of Everything*）、《模仿遊戲》（*The Imitation Game*）、《關鍵少數》（*Hidden Figures*）、《揮灑烈愛》（*Frida*）、《熱氣球飛行家》（*The Aeronauts*）等。而在體育界，冰球選手韋恩·格雷茨基（Wayne Gretzky）、籃球選手麥可·喬丹（Michael Jordan）和足球選手梅西（Lionel Messi），經常被人

們稱作天才運動員。

而出版界也推出許多天才相關的書籍，包括珍妮絲・卡普蘭（Janice Kaplan）的《天才女性》（*The Genius of Women*, 2020），以及克雷格・史帝芬・懷特（Craig Wright）的《天才的關鍵習慣》（*The Hidden Habits of Genius*, 2020）。[14]寫作不輟的文學評論家哈洛・卜倫（Harold Bloom）也曾出版《天才》（*Genius*, 2020）一書，選出一百位他認為人類歷史上最偉大的心靈。[15]大衛・申克（David Shenk）的《別拿基因當藉口》（*The Genius in All of Us*, 2010）則透過近代的認知科學、基因學和生物學，申論我們就算不是天生的天才，也能夠透過好的環境後天養成。[16]

此外，獎金豐碩的麥克阿瑟獎（MacArthur Foundation's Fellows Program），最知名的獎項就是俗稱的「天才獎」（genius grants），頒發給具有非凡創意的個人。這個獎項無法自己申請，必須由他人提名。共同創辦人約翰・D・麥克阿瑟（John D. MacArthur）曾如此說明他的目標：「我們希望能支持天才，並讓他們從學術界的官僚習性中解放出來。」[17]

我們全都著迷了，就像嘉柏明確指出的，我們都渴望世界上出現天才。我們崇拜祂，希望能夠有特例超越人類的極限。每當我們看見這樣的事物，我們就忍不住感到興奮。

只是我很好奇，倘若我們將注意力，從眩人眼目的天才轉向創意發展的歷程，我們將會學到什麼？這樣的轉向，會讓我們用新的方式看待人類的成就與發現嗎？我並不否認我們之間存在出眾的個體，也不認為天才只是無稽的幻想。我只是想要提醒人們，這種藝術天才的主流觀點，會限制我們對創造力的理解，並顯然影響了我們，如何認識偉大的作品和創新的發明背後所隱藏的事物。

儘管透過「行動」來獲取「意義」（求知而行）可能非常直觀，但它目前仍不是我們討論創意發展時的主流思考。往往我們仍被大眾流行的天才、願景、靈感等預設的框架所蒙蔽，而這種框架會一再限縮我們對創意實踐的理解。

⊙ 瘋狂是藝術家的特色

「天才，多少帶有些許的瘋狂。」——塞內卡致敬亞里斯多德（Aristotle, Attributed by Seneca）(18)

超凡藝術的敘事更甚於天才。藝術家（至少西方的藝術家）經常與瘋狂、憂鬱、怪誕連結在一起，他們的故事不乏古怪的癖好、瘋狂的精力，伴隨著異於常人的獨特洞見。

瘋狂藝術家的概念可以追溯到柏拉圖。柏拉圖的詩意狂熱理論（狂熱〔enthusiasm〕一詞來自希臘語 entheos，意思是神在其中），早就指出創意人的瘋狂與不正常，狂熱的詩人就像酒神宴會中的瘋狂賓客，經常處於狂喜的狀態（狂喜〔ecstasy〕一詞來自希臘語 ex-stasis，意思是脫離自我）。對柏拉圖而言，瘋狂是獨立於理性之外，也是遠離基本真實的，虛幻——根據他的定義，絕非理性的產物——是危險的。在他的《理想國》（*The Republic*）中，柏拉圖將詩人逐出正義世界的哲學家國王（Philosopher king）之列。

數學兼哲學家阿爾弗雷德・諾斯・懷海德（Alfred North Whitehead）曾說：「哲學是一系列對柏拉圖的註解。」或許，我們能從這裡延伸討論藝術的概念。我想問的是，我們是否太過輕易接受柏拉圖對瘋狂藝術家的描述，而選擇忽略它的負面影響？我想是有的，然後我們會如此辯解：「縱然瘋狂的藝術家會帶領我們偏離真實／現實，他也能提供我們對世界、對人性的深度見解，正因為他們是如此獨特與非凡。」無論如何，瘋狂的討論都會持續下去。

有許多線索顯示，西方世界的人們自古以來，一直都在關注古怪或瘋狂的藝術家，甚至有無數的畫家和雕塑家為自己古怪的行徑辯解。我們再次以米開朗基羅為例，瑪格和魯道夫・維特科夫爾（Margot and Rudolf Wittkower）在《土星之命：藝術家性格和行為的文獻史》（*Born Under Saturn: The Character and Conduct of Artists*）書中提到：

「米開朗基羅極度瘋狂的作品，以及他生活中完全怠忽的外表與禮儀，在在使他的同儕與後輩感到迷惑……人們描述他既慷慨又貪婪、既出眾又童稚、既謙遜又自負，狂暴、多疑、善妒、奢侈浪費、厭惡社交、痛苦憂鬱、詭異怪誕、令人畏懼……」(19)

無論是根據自述或是他人的描述（如維特科夫爾的著作），都顯示米開朗基羅是個受到憂鬱和孤獨所苦的人。他既才華橫溢，也特殊、古怪、疏離。

藝術家是瘋狂不羈的，藝術家是受盡煎熬的。有篇古老的經典文章〈論問題〉（*The Problems*）（傳聞是亞里斯多德所寫，但極有可能是他的學生所寫），便將藝術與創意和「憂鬱的性格」連結起來。對於許多人來說，梵谷更使人感興趣的是他割掉耳朵的故事；雪維亞．普拉絲（Sylvia Plath）使人著迷，因為她是將腦袋伸進瓦斯爐自殺的天才詩人；安托南．阿爾托（Antonin Artaud）受盡心靈的煎熬與苦痛，最終成就他完成偉大的劇作；海明威在傳記中寫到他如何深受焦慮所苦，最終奪取自己的性命；而舒曼在創作最宏大的樂章時，也經歷多次狂躁發作。同樣地，這種使人疲弱的心理疾病也找上拜倫、梅爾維爾（Herman Melville）和吳爾芙（Virginia Woolf）。

近代這種躁鬱症（bipolar disorder）和創意的特殊關係，是個有趣的話題，可以和古代柏拉圖的狂喜理論相呼應。用現在的話來說，只要個體感受到一定程度的力量和愉悅，就能達到產量豐盛的亢奮狀態。試想有多少部電影在討論傑出天賦和精神不穩定（或精神錯亂）的關聯？《美麗境界》（2001）中的約翰．納許（John Nash），《雷之心靈傳奇》（*Ray*, 2004）中的雷．查爾斯（Ray Charles），《為你鍾情》（*Walk the Line*, 2005）中的強尼．凱許（Johnny Cash），或《鋼琴師》（*Shine*）中的大衛・赫夫考（David Helfgott）。大眾流行文化總是反映出，人們對藝術家的瘋狂行為和出色創意仍舊感興趣，這使我們不難理解，為何我們願意接受瘋狂就是藝術家的特色。儘管如此，它仍然扭曲了我們對創意的理解和思考。

⊙神性靈感

> 「在詩意的靈感中，存在著對人們來說過於崇高的事物。」——維克多・雨果（Victor Hugo）[20]

伴隨著天賦和才能，有時人們會出現不穩定的性格，甚至因為與神性的連結而變得更加複雜。文藝復興時期，藝術家的思想根植於柏拉圖式的「被附身者」與「受啟發者」的概念，並同時受到「神性藝術家」（il divino artista）的觀念影響，與「上帝是宇宙的藝術家、建築師」這一基本思想相呼應。自此，藝術家不僅脫離平凡無奇的人性，更進一步與神性連結。

這種連結可以追溯至古代詩人荷馬呼喚繆思（Muse）附身在詩人（Bard）身上，講述阿基里斯或奧德賽的故事。他如此呼喚：「繆思女神，請為我歌頌那位充滿曲折和變故的男人。」[21]於是，詩人傳遞著繆思的神性，多麼奇妙又富有啟示！

「靈感」（inspiration）一詞的原意是「吹入」（to breathe into），使人聯想到，神靈將充滿創造力的精神注入說書人和詩人體內，而藝術家就是天選之人。時至今日，繆思女神仍是最廣為人知的神聖故事，就連當代的「博物館」（museum）一詞也以之為根本。

在希臘神話中，繆思是九位音樂、詩歌、藝術、科學女神的總稱，她們就是知識的泉源。而關於繆思女神，至今仍有許多不同的記載和描述，包括她們的數量（有的說法是三位，有的是九位），甚至她們的姓名也有爭論。來後，「繆思」這個詞逐漸開始意指那些能夠激發音樂家、作家或藝術家的人或事物。而這些意涵似乎指出：覺知並不在創作之中，它是一種源自外在的力量（或被稱作神聖之力），經由天選之人傳遞給我們。

神性靈感的概念並非西方文化獨有，在亞洲、美洲原住民和馬雅文化都有相同的概念，它代表，人類在傳統上，會將藝術特質與某種超越人類的事物連結在一起。

如今，雖然我們不再完全相信偉大的創作源自於神靈，但是某些觀點仍然持續存在著。比如我們經常說，卓越的藝術作品是神祕且超凡的，並且只留給我們之中被選擇的少數人——這些人與眾不同，身上具有我們所缺少的才能；他們的創作來自於神祕天賦的結果，而非單純創造本身或是刻苦耐勞的成果。

然而，繆思在當代的創意生活中開始產生有趣的轉變。與其神祕地召喚繆思女神藉由自己傳遞神的話語，現在的人們必須透過自身努力迎接靈感的來臨。如同作家伊莎貝・阿言德（Isabel

Allende）所呼喊的：「顯現吧！顯現吧！繆思隨後也將降臨於此！」[22]或者用作家娥蘇拉．勒瑰恩（Ursula K. Le Guin）的話來說：「所有的創作者都必須為他們即將到來的精神行動騰出位置。他們必須小心翼翼地努力工作，並且耐心等待，才有獲取它的資格。」[23]這些話都反映出一項有趣的轉變：從過往的天賦英才、超凡能力，轉變到必須透過努力來獲取靈感出現的機會。

隨著這項更具當代性的觀念轉變，創意發展過程的定義開始鬆動，逐漸變成一種存在、一種修練，或是一條理論上任何人都能前往的啟發與探索之道。於是，焦點開始從天啟轉移到偉大作品的實際創造過程。只不過，繆思和精神的崇拜者仍然存在著，就連阿言德和勒瑰恩也不例外。儘管「透過行動來發現創意」獲得大多數人的共鳴，但是我們仍很難擺脫藝術家就是神聖、怪誕、疏離的形象等觀念的束縛。

這種受靈感啟發（無論是透過靈性或是其他方式）的藝術概念有其深遠影響，它不僅影響我們對藝術家、設計師的專業訓練，還影響我們對孩子的教養方式。它加深我們對洞見的著迷，也形塑我們如何看待領導力的方式。它也影響我們對企業家的看法，將他們想像成具有洞察力的先知，儘管事實上，大多數的企業家（至少我採訪過的對象）都認為，自己只是刻苦耐勞的實業家，並且勇敢接受現實中的失敗，認為那才是探索未知的必經之路。

基於這種淵源已深的藝術家與神性長期聯繫，人們甚至發展出一種流行文化論述，即藝術創造過程的「神創論」（creationist）：藝術家僅僅是模仿創造者（Creator），他們從一開始就掌握了世間的所有知識，準確知道創作過程中的每一階段和細節會如何逐步展開。

我們總希望人群中這些賦有神性的創作者們擁有神一般的視野，並將其洞見實現出來。人們試圖將創意的發展想像成「創造者」看待人類世界的發展，而與此相反的是達爾文主義的「物競天擇」觀點，認為人類歷史是複雜的適者生存發展過程。

創世論的藝術語言嚴重誤導了我們的感知能力。幾乎所有我訪問過的藝術家和設計師都表示，他們的創作過程並非如創世論所敘述的那樣，而是更接近物競天擇。

大多數的藝術家和設計師在他們著手創作以前，並不會在開始之前就預見到整體的願景。他們談及創意的發想與製作的過程，大多認為是「透過創造」、「透過繪畫」、「透過素描」、「透過即興創作」、「透過寫作」、「透過雕塑」呈現出他們的想法。在創意發展的過程中，有些概念會變得非常強大，有些則否；而那些強大的概念會經由「物競天擇」，最終存活下來。

一段個人的「求知而行」之旅

要說明「求知而行」的重要性，我想最好的方式是透過個人的經驗，來解釋為何它不斷對我們的生活產生重大影響。在我的個人職涯中，「求知而行」很早就出現在各種面向，因此我要分享一些故事，和各位說明為何我對這項觀念如此著迷，並相信它對人們也是重要的。

從小的時候開始，遙不可及的藝術天才的想法，使我在發展創意的過程中受到許多限制與挑戰。當我發現自己並沒有出眾的技能時，我該如何嚴肅面對自己是一位藝術家？

我認為創意的世界應該是充滿各種色彩的，就連最聲名狼藉的人物也能受到包容——那些我在學校學習時所了解，或者我親自觀察到的流行文化界的名人。我記得小時候學習音樂的經驗，還有初次接觸那些難以理解的音樂作品時的感受。當時我學習的樂器是吉他和鋼琴，我試圖模仿那些音樂家的演奏方式，卻發現那些都只是業餘的自娛。當時的我深深相信，真正的音樂只存在於少數音樂家的心裡，一般人是難以企及的。

然而，有另外一個地方對我產生不同的影響——劇場。我記得從小學開始，我就對表演感到著迷，是它們滋養了我。我記得我特別擅長記憶，但是回想起來，或許只是因為我在登台時獲得足夠的自信。這種興奮的感受伴隨我度過高中時期，而我從未試圖在舞台之外尋求這種感受。然而，我並沒有所謂的「天賦」，也沒有所謂的「創意」。在我進入大學之前，我關注的焦點一直是「人性」而非「藝術性」。

這個想法在我就讀多倫多大學時，被我偉大的文學老師法蘭西斯．馬提諾（Francis Martineau）改變了。當時我們閱讀薩繆爾．貝克特（Samuel Beckett）、維吉妮亞．吳爾芙、卡森．麥卡勒斯（Carson McCullers）、尤金．歐尼爾（Eugene O'Neill）、貝托爾特．布萊希特（Bertolt Brecht）等人的著作。

我特別喜歡找他討論劇作，他不僅是一位好老師，也是一位深度的戲劇和文學愛好者——他的文學熱情對當時的我啟發甚深。與此同時，我也注意到他是大學戲劇教程的指導老師，他也經常鼓勵我參與戲劇演出。於是，我決定參加其中一部戲劇的試鏡，並被導演選中了。

雖然當時的我很享受戲劇演出，但是我很快就發現，我並不是一個好演員。太多的聲音在我的腦袋盤旋，使我不斷批判挑剔自己。這對一位表演者來說無疑是致命的，因為它會阻礙你全身心地投入。我記得馬提諾老師對我說，他覺得我在用腦袋表演，我認為這個觀察非常正確。但是事後來看，我真正的問題其實是還無法掌握「求知而行」的技巧。

在那個時候，我的痛苦來自於過度的準備，而且準備方向錯誤。彩排之前我就做足功課，對角色存有既定的印象，因此，只要在彩排時偏離那些想像，我的大腦就會開始過度思考。這無疑是用腦袋在表演，而且當時的我做得非常差勁。

幸運的是，馬提諾老師也教授劇場導演，而且他對於這門課，有一套非常具體的教學方法。相對於表演，導演並沒有純理論式的準備方法。馬提諾老師的態度也非常簡單：如果你想要導戲，跳下去做就對了。這就是學習和理解的唯一方法，也是幫助我們習得如何問對問題以深入藝術領域的唯一方式。對我而言，這才是最好的學習方式，這無疑是一種「求知而行」的教學方法。

擔任劇場導演是我首次經歷深度的創意發展過程，只是過程卻出乎我的意料。課堂中我被指派導演一齣短篇的獨幕劇，我選了契科夫（Anton Chekhov）的喜劇《熊》（*The Boor*）。老實說，當時的我根本不知道自己在幹嘛，我確實試鏡了演員，並且安排第一次的彩排，但是我對彩排要做什麼事情，其實完全沒有概念。當時的我根本不知該如何準備，我讀了一些書，和一些朋友請教，但是對我而言，一切仍然像謎一樣。

但是當我走入排演空間時，我立即感覺到一種轉變正在發生。我無法明確地解釋，只能說，當排練開始時，某種必然的事物降臨在我身上。

我們大聲地朗讀文本，討論角色的內涵，站起來嘗試走位，嘲笑某些愚蠢的想法。我們透過身體力行去回應劇作，一切都是那麼地自然。我們所要做的，只是理解劇作的內容，並且搬上舞台——演員、爭執、詰問、肢體動作、臉部表情、音樂聲響——透過投身真正的舞台，我開始知道我要的是什麼。以戲劇的語言來說，我正在創作。當時的我並不知道如何解釋，但是毫無疑問的，我將這次的戲劇演出視為人生的轉捩點。

此外，在我製作《熊》的時候，還發生另一件事情。我記得我非常煩惱戲劇的結局，糾結非常久。我感到節奏非常奇怪，就是哪裡不對勁。只不過，我越是努力嘗試，結果就變得越糟糕。但隨後又出現了意外。我仍記得非常清楚，那時候我做了一個夢，在夢中，卓別林出現在我的眼前。我當時希望戲劇結尾能夠呈現默片的質感，需要用卓別林的精神來為這齣精采的戲劇收尾，用的是現場的人聲演出，就像是默片旁的配音（在我的夢中，它是一段小提琴的聲音），所有理想的狀態都在那一個夢中。

這個經驗聽起來也許和「求知而行」相違背，更像是一種「啟示」（或許有些瘋狂）來引導我們。但感謝後來訪問的藝術家和設計師，我開始對當時的夢有不一樣的想法。

創意的靈光總會在不經意的時間，以奇怪的方式到來，而我們必須要靠「行動」，來拓展自己可觸及的光譜。許多我採訪的對象都提到，當他們沒有專注在創作上時，一些新的想法才會浮現出來。事實上，所有的藝術家和設計師最常說的話就是：「靈感會在我洗澡的時候浮現。」許多人也有提到相同的經驗，例如在開車聽音樂時，或是在夢中，靈感就會出現。

難道這些都違背「求知而行」的概念嗎？我採訪的部分對象似乎是這麼認為的。他們不斷地強調，當他們沉浸在創意的發展過程中，有種神祕的力量會接替他們的角色，感覺就像——自己所做的一切都變成整個過程的一部分，是創作的延伸，就連睡眠時也是如此。但是，這也很可能只是一種讓靈感出現的環境。

當我做了卓別林的夢以後，我刪除了《熊》結尾的最後幾頁台詞，並找來一位小提琴手。我決定做一件事情：讓音樂來說故事。它真的成功了，因為小提琴的加入，我多了一個新的元素，讓我可以探索「在戲劇的其他地方運用這個樂器」的方法，而它就像一個全新的角色。這些事情並不是透過事前的「願景」，而是在創作的過程中逐漸發展出來。

《熊》的導演經驗改變了我的人生，開啟我的戲劇生涯。我不能說這是我第一次經歷「求知而行」，但無疑是：我開始意識到，這份歷程如何不斷出現在我的生命中。從那個時候起，相同的模式就在往後的各種導演工作中反覆出現，並且以其他方式顯現出來。曾經我寫過一本關於將莎士比亞的劇作改編成電影的書，這段創作經歷與我作為戲劇導演的工作，有很多相似之處。[24]起初，我並不太確定我想要說的是什麼，我擁有一個強大而具有推動力的問題，等著我去解決（請留意這裡我所說的是「解決」，而非「解答」）。問題會打開未知的大門，而寫作則是通往內心的思索之道。

過去幾年，我訪問過的藝術家都有提及通往創作的「入口」。對我而言，我可能有一個核心的問題要解決，其他人可能稱之為欲望、衝動、主張、靈光、框架或未解之謎。在設計的領域，它甚至可以是一份提案。透過這些分享，我發現，這個切入點對許多藝術家來說至關重要，這和所謂的「願景」在根本上並不盡相同。

在這本關於莎士比亞的書中，我的切入點是詢問：電影如何成為理解劇作的關鍵工具？換句話說，我們如何透過攝影機，穿越莎士比亞的作品，經歷閱讀與舞台從未向我們揭示的事物。這個生成性問題是相當關鍵的，在電影學領域中有非常謹慎的研究。但唯有當我開始寫作的時候，這些想法才會逐漸浮現出來。就像導演《熊》的經驗，我只有在走上這段旅程，才能知道我在試圖創造的是什麼，以及自己是以什麼角色參與其中。

在學術研究的領域，我也經歷相似的過程。過去我在柏克萊加州大學的戲劇藝術學系任教多年，並準備升為終身職。就在那一年，校方聘請了一位知名的劇場藝術家和學者，他遠從紐約來到加州，並且計畫在六個月後接任系主任。然而，現實很快地浮現，這位慧黠但有點古怪的人並不是一位好的領導者。我們承認他是一位有趣的同事，但並非一位稱職的管理者。在學院的院長幾經評估以後，決定讓剛升為終身職的我擔任系主任。

如同《熊》的第一次彩排那樣，我接受了學校的任命，但充滿了深切地不確定感。但是再一次地，我進入不熟悉的領域，並經驗自我的轉變。在這樣的角色中，我不僅學習到如何帶領一個學術系所，並引發我內心深處有一部分，與這份工作深刻共鳴。我透過這份工作自我成長，啟發自身的領導能力，也打開我的另一條職涯道路。透過「領導的求知而行」的過程，我開始明白自己想做的是什麼，無論是系所發展還是個人職涯上。

在我擔任學校老師，甚至最後晉升大學校長的期間，可說是經歷相同的意外與學習模式。對我來說，每一段過程都是從未預想到的，伴隨著不安與轉變來到我的生命之中。我進入未知的宇宙，對現實需求產生回應，我所做的只不過是「行動」，直到某天它向我揭示我過去從未明白的事物。

「行動」的建造工程

我想要提醒各位，請不要誤解這段個人旅程或是「求知而行」的歷程不需要任何的背景與準備。和其他人一樣，當我面對迎頭而來的挑戰時，身後是我過往的經驗，如教育、技能、喜好、道德、信念，以及選擇的優先順序等。

「求知而行」的概念並非即興發揮或是憑空捏造，相反地，我想要透過本書傳達的，是關於紀律、技藝、專注執行，和創作過程中發現新事物有著深刻的關係。其關鍵核心是：我們帶到創作計畫中的經驗與技術，為我們打造了面對未知世界時所依賴的支架，使我們在求知的過程足以踏穩腳步，搆及未知的新事物。當我們進入創造的進程時，其實並不知道它將會成為什麼樣子。

我的人生歷程就反映了這樣的準則，如實地塑造了我的生命。雖然這都只是「求知而行」複雜且容易遭到誤解的表面敘述而已，但在和別人談及「求知而行」時，有很多人會拿它與約翰·杜威（John Dewey）的「做中學」（learning by doing）概念相比較。某方面來說，我認為它們確實是相似的；但是杜威的觀點只是我想要探索的更宏大理念的一小部分，我內心所真正尋求的，是探索「我們是什麼樣的創意物種」。

在擔任藝術中心設計學院校長的數十年間，最能夠觸發我對「求知而行」的感受，最終驅使我寫下這本書。這間優質的設計學校的教學理念，最能夠總結「求知而行」的概念——我們透過案例的探索和實作的課程進行教學，之後才是理論與隨之而來的各種提問。當然，我們也教導學生搭建支架的技術，以及探索未知的勇氣。每一天我都見證聰明且富有才華的學生透過「求知而行」的過程，最後成為優秀的藝術家或設計師。

除了我個人對於「求知」與「行動」的經驗，我也透過與作家、藝術家、設計師的對話，漸漸明白這一概念的諸多層面與其中的細微差別。這並不是帶有哲學傾向的認識論研究，我的目標是：試圖討論不同的創意工作者如何透過創作來獲取知識的共通經驗。

我採訪過的對象都是專業的創意工作者，在他們的領域享有極高的聲望，也是對世界深富影響力的人士。他們的見解讓我們得以超越顯而易見的事物，進入迷人的創意探索之旅。

現世的居所與其名

在莎士比亞劇作《仲夏夜之夢》中的第五幕，有一段知名的台詞，是忒修斯（Theseus）思索那些對他而言奇怪的人們：瘋子、愛人、詩人，他們擁有編織幻想的能力，而這些能力讓他感到不安。透過忒修斯的思索，我們看見的並不是需要屏除的瘋狂，而是值得歌頌的稟賦和力量。

瘋子、愛人，以及詩人，

身上盡是想像的聚合。
瘋子——他所見過的惡魔比地獄容納的還要多；
愛人——他能從埃及人的臉龐盼見海倫的美貌；
詩人——只要他的眼眸瘋狂一轉，便能看盡天地，直睹天堂。
當想像力跑在未知的事物之前，
詩人便用他的筆賦予形體，讓空洞的事物
有了姓名和現世的居所。

（第五幕，場景一，第七至十八句）

我撰寫本書的目的，是希望能夠探索「未知的事物」，直到「想像力跑在它們前面」，令其擁有「姓名和現世的居所」（gives to airy nothing / A local habitation and a name.）。總結來說，我希望深入思考，人類如何透過創作來獲得知識的能力。

二

進入未知——空白的可能性

「起初，你僅是懷抱著愛好進入寫作……漸漸地，在句子一段一段出現以後，故事便開始向你揭露它的本來面貌……每一字，每一句，都將是一場革命。」——菲利普．羅斯（Philip Roth）（1）

「在文字落下以前，詩人並不知道自己的詩長什麼樣子。」——威斯坦．休．奧登（W.H. Auden）（2）

「為了明白你畫的是什麼，你必須要開始下筆。」——巴勃羅．畢卡索（Pablo Picasso）（3）

我們都曾經面對過無論是實際或隱喻上的空白。對某些人而言，這種無限的可能性是很可怕的，令人充滿焦慮和困惑。我該如何寫出小說的第一句，該如何破題？我該如何面對巨大的空白畫布，在上頭下筆？我該如何找到樂曲的第一顆音符，還有它的旋律結構？當客戶提供他們的簡報給我，我該如何找到他們需要的創新解方？

或許，我應該先清理一下我的桌子抽屜。我幾天沒打電話給媽媽了。你知道，我其實有點餓了。

「求知而行」的第一項任務：以未知開啟我們的創意之旅。那裡充斥著各種令人生畏的空白，也充滿機遇。這種空白或許使你痛苦、使你癱瘓麻木，但是根據我採訪的藝術家與設計師所說，進入未知除了帶來恐懼，也會帶來啟示和力量。因此，我們該如何進入未知呢？我們該如何獲取進入未知的勇氣，又該如何運用它？身處未知是什麼感受？當我們進入其中後，會發生什麼事情？

根據過去的訪談經驗，我發現無論是哪種類型的作家，都擅長回答這些問題。因此在這個章節，我會將重點放在他們的反思上。為了更深入地對話，我也會穿插一些如裝置藝術、電影、劇本等創作領域者的部分作品，並透過這些作品了解進入未知對他們的意義。

我想，寫作者最明白面對空白頁面是什麼感覺。事實上他們早就接受，創作計畫開始前，必定會出現這種迷失的狀態。儘管關於寫作進程的比喻有千百種，但是以下是小說家兼詩人丹尼斯·菲利浦（Dennis Phillips）的經典描述：「起初，你就像乘著木筏，漂浮汪洋中，手上沒有指南針，只能選擇朝著一個方向划船——因為你完全不知道自己在哪兒，也不知道自己將前往何方。」

小說家妮可·克勞斯（Nicole Krauss）在二〇一七年的一次訪談中，反思了她的寫作過程，並談及「進入未知領域的力量」。她形容那是一種「平靜」的體驗，我也從中感受到某種專注力，並準備好踏上一段旅程，用她的話說，就是「另外一個世界的連貫性」(4)。克勞斯經歷的是平靜，但是其他寫作者可能經歷的是焦慮與不安。無論是哪一種，他們都表示自己感知到不確定，並準備好踏上各種可能性的旅程。

與此呼應的是「消極本事」（negative capability，又稱負面能力）。這個概念由英國浪漫主義詩人約翰・濟慈（John Keats）在一八一七年寫給弟弟的信中，談及莎士比亞時所提出。這個概念和許多寫作者進入未知的狀態相類似，濟慈以此歌頌詩人和藝術家是「能夠安然處於不穩定、神祕與疑懼之中，而不貿然追求事實與理智」[5]，深深歎服藝術家能在懸而未決與模糊不清的事物中創造出美的事物。

隨著時間推移，「消極本事」的概念已經融入詩歌、藝術，甚至社會科學的領域中。[6]法國詩人波特萊爾（Baudelaire）形容消極本事是「自我對非我的渴望」[7]。美國哲學家約翰・杜威認為自己的實用主義哲學受到消極本事的影響，認為濟慈的觀念是「創造性思考的心理學」（psychology of productive thought）[8]。二十世紀的英國精神分析學家比昂（Wilfred Bion）同樣認為，濟慈概念的豐富性，影響了精神治療的改革與突破，強調病患「排除記憶和欲望」進入未辨識（unrecognized）和非導航（un-navigated）的重要性[9]。

與此相似，禪宗的哲學談到開悟的概念，在日本文化中被解釋成覺醒、領悟、理解或頓悟。有趣的是，如果想要尋得這種時刻，就必須要穿過困惑與未知：「開悟之前需要經過試煉、尋道、熟成和爆發。試煉的階段將會伴隨著巨大的不安，心智處於不穩定、神祕與疑懼狀態下，就與練習『消極本事』類似。」[10]

這些例子的共通之處，是從順應未知而獲得的發現，在未知的空間中，可能性開始孕育。

消極本事（以及進入未知）並不是被動順服、消極無知和缺乏安全感，更重要的是積極地追求。美國哲學家唐納德．舍恩（Donald Schön）曾說那是「一種潛藏於藝術和直覺中的認識論，許多實踐者……受其引導，而進入未知的狀態……」[11]很多受我採訪的對象都提及，未知中蘊藏的創意能量，甚至有些人堅稱，他需要這些能量的幫助以完成作品。毫無例外地，所有人都同意，他們在這段尋找過程中，獲得一些能量。

未知的切入點

「能夠觸動你的，是你對文字的渴望……你所使用的文字將通向你的內在意涵……你所使用的寫作方式將錨定你的內在生活。」——理查．雨果[12]

寫作如何開始？借用雨果的話，什麼是進入寫作的「切入點」？我向許多寫作者提出這個問題。進入未知的領域是一回事，但又是什麼推動著我們？是一場巨大的宇宙爆炸嗎？還是一個微小的靈感？答案不盡相同——有時生命的核心問題會觸發一部分的作家，但平凡無奇的日常生活也會觸動另外一群人——進入寫作的切入點可能是隨機的觀察、特殊的經歷、情感的衝擊，甚至是一則笑話、一句說詞、一組概念，也可能是一段口語的敘述、一節浮現的旋律，或僅僅是天賜靈感。

小說家艾米．班德（Aimee Bender）告訴我，她的切入點來自於肉身的行動，而非情感或智識層面。「我每天都要寫作，有著非常嚴謹的規律。非常簡單地，我每天投入一個小時坐下來寫作，雖然聽起來像開玩笑，但是我真的有一次把自己的腿綁在椅子上。」她的描述就像在呼應雨果的軼事，據說雨果會將自己關在房間，脫光衣服讀書和寫作，他將自己的衣物交給僕人，並嚴格指示，如果自己沒有完成大量的書寫，僕人不可以將他的衣物歸還。

班德的做法並沒有那麼激烈，她嚴格規畫九十分鐘的神聖時光，只專注於寫作。她必須要身體力行，因為對她而言，進入創意的方法就是撥出時間。「我會記下九十分鐘結束的時間，時間到，我就停止，就是這樣。後來我讀到精神分析學家亞當．菲利普（Adam Phillips）關於乏味的文章，他認為人們應該培養乏味的習慣來進入創意空間。這是真的，我的寫作也因此改變。雖然我經常感到枯燥不安，但是我有規律，這使得書寫變得更加寬裕和特別，讓我得以完成所有作品。」

回應班德所說，枯燥乏味的習慣是進入創意的一種管道。家具設計師兼教育家羅珊．薩默森（Rosanne Somerson）也和我分享自己與學生經常施行一種練習，以觸發更深層的探索。她要求大家坐下來進行一小時的素描，並且盡量不要離開椅子或是停下來休息。

她感興趣的是，一個人在經歷不舒適甚至焦慮時，會出現什麼狀況？她認為這種不舒適的感受是創意的沃壤。「我們的身體已經習慣自動避開不舒適的地方，所以，找到一種方式，讓自己進入那種枯燥狀態，有時是激發新思維過程的最美妙方式，能夠帶你前往新的世界。」

薩默森教導學生的是「創作的紀律」，甚至將定義拓展至「不舒適時所引發的感受」，這也是另外一種進入創意的方法。就像有人透過心靈的冥想，透過創造環境，不帶任何批判地觀察一切浮現的事物（包含不舒適與不安所引發的情緒）來獲取創意。

小說家譚恩美（Amy Tan）在TED演說時談到創意，主張透過「道德的模糊地帶」進入未知的世界，這也是她最深沉的疑問。她強調，個人的核心問題才是叩門的關鍵：「我四處尋找線索，獲得暗示，但是事實上，我真正需要的是聚集焦點。當我提出個人的疑問，我也就能夠聚焦；然後我會發現，所有那些在生活中看似無關緊要的事物，實際上會透過那個問題被重新檢視，結果這些特定的事物會變得有所關聯。」[13]

詩人兼小說家喬瑟夫・迪・普利斯科（Joseph Di Prisco）則認為，應該帶著簡易的觀點和不清晰的想法進入未知，透過寫作自身來召喚引導敘述的聲音。「當你在寫作的時候，你會發現敘事者透過他／她的聲音帶你進入故事，而你必須跟隨著他們，仔細聆聽他們的聲音，所有的線索都存在那兒。」

接下來，透過湯姆・史登（Tom Stern）創作小說《消失的雙胞胎》（*My Vanishing Twin*）的過程，我們能夠一窺他如何面對未知，進一步探索與洞察創意的神祕領域。[14]「我從創作一個角色開始，」史登說，「我總是在觀察、閱讀、思考和理解人們，花了許多時間在思考自己和他人的差異，以及我們如何成為現在的自己。」

無論是什麼樣的觀察觸發史登開始創作，當他開始寫作的時候，會刻意排除任何預想自己可能的前進方向。對他而言，企圖展現特定的想法（或甚至達到某種目的），都會蒙蔽寫作的「求知而行」。倘若他懷抱著意圖進入創作過程，將會陷入一種危險——滿足自己的期待，而不是對寫作即將揭露的事物保持開放態度。

譚恩美用她稱之為「令人擔憂的觀察者效應」，有力地闡述了這一觀點。她警告道：「當你試圖找尋某種事物，你也明白……自己只是在用不同的方式看待它，並試圖尋找真正『關於某某』的東西。倘若你太過執著，寫出來的也只會是那個『關於某某』的東西，並不會發現有任何新的發現。」對譚恩美而言，創意的發展並不是追求已知的事物，而是透過紀律來創造發現新事物的環境。

回到《消失的雙胞胎》，史登直接從撰寫小說的主角開始。他的寫作是為了了解這個角色，理解他的行為——正如他所說，整個過程就是透過文字的探勘，不斷將過程寫下來。在這個具體案例中，他開始發現主角是一位在自身停滯狀態中不斷掙扎的角色，一名在生活中幾乎妥協了一切的人。

「可以請你解釋，為什麼這個角色吸引你嗎？」我問史登。

「我無法解釋。」史登說，「我不知道為什麼這個角色的行為和動作吸引著我，但是事情就這樣發生了。」這個角色他寫了又寫，在某個時刻，他開始思考加入一些新的事件，讓角色因為驚嚇而在生活中做出不一樣的反應。這個想法在他心中盤旋許久，但是最後，他決定放棄這個想法，讓角色自然地發展。史登認為自己要做的應該是其他的事情。

「當你放下這個想法的時候，發生了什麼事情？」

「就在那個時候，關鍵的意象出現了。當時我坐在床上準備就寢，太太就睡在我身邊，突然，一個懷孕男人的影象出現在我的腦海——一個懷孕的男人！與此同時，另外一個畸形、怪異的小人也出現在我的腦中。我開始想像他們之間的關聯——懷孕的男人和畸形的小人。不知道從哪裡來的聲音告訴我，他們是兄弟。我意識到，我在看一個關於男人懷著自己雙胞胎兄弟的故事。儘管我感到懷疑，但又有另一個聲音告訴我：這是正確的！因此我接下來的工作，就是搞清楚，這到底是怎麼回事……」

史登所描述的過程還有許多未揭曉的部分。但是顯然地，他在開始創作時，完全處於未知的狀態。他透過觀察周遭世界和深掘角色的問題作為切入點，彷彿在汪洋中尋得船筏，開始搖動船槳朝某個方向前進，企圖穿過廣闊的未知，朝已知前進（或是更準確地說，朝更多「知曉」前進）。他的行動使他找到洞察的關鍵。在這個案例中，創意並非在寫作中途出現，而是在進行其他行為的時候（當他坐在自己的床邊，開放思緒讓創意馳騁）。這就是「停頓」所蘊藏的創造力。

我採訪的對象都不約而同地描述連續性創造的過程，其中包含間接付出的心力。只要藝術家進入一種可能性延伸的開放狀態，洞察有時便會透過行動浮現出來，甚至有時則會在退後一步才出現。事實上，創造本身就是一連串投入的過程，探索未知原本就不是我們所能夠控制的，我們只能創造實現它的環境。

班德和史登都堅稱，每日的練習是「求知而行」的必要條件。史登向我描述他職業上的轉折點，是他在向偉大的作家兼教師埃利・維瑟爾（Elie Wiesel）學習時。在一次兩人一對一面談中，維瑟爾非常直接地對他說：「我給你一項建議，倘若你將自己看作一位認真的作家，你必須每天坐下來花時間寫作。無論是二十分鐘的垃圾文章，或是四小時的靈感迸發，你就是必須把它們寫下來。」

「那是二十年前的事了。從那時候起，我每一天都寫作。」史登說。

規律的寫作就是通往未知世界的一種方式，那是一種準備工作。有些寫作者會將它喻為肌肉的鍛鍊，這種比喻是貼切的，就像運動員每天鍛鍊自己的體態以變得健康一樣，寫作者也藉此鍛鍊自己的寫作技巧。起初那些痛苦、僵硬的，都會變得柔韌、強壯、優雅。規律的寫作就是練習面對即將到來的事物，對於作家而言，如果他們要在未知的環境中（也就是創意發現的場所）茁壯成長，這種準備工作是必不可少的。

作家兼電影導演克麗絲・克勞斯（Chris Kraus）講述了一個發人深省的故事，分享她如何開始創作書信體小說《我愛迪克》（*I Love Dick*）。對她而言，進入創作的切入點來自一個提問：

我是不是一個失敗的實驗電影創作者？在此之前，她剛完成她的最後一部電影《格雷芬蒂與葛蕾絲》（*Gravity and Grace*），這部電影花了兩年半的時間拍攝，耗光自己的大半積蓄。最終她不得不面對一個令人沮喪的現實，那就是幾乎沒有人會看到它。最終，它被擱置了。

「那是我的最後一部電影。」克勞斯說，「我對天發誓，在找出為什麼電影不成功以前，我再也不拍電影了。為了找到問題的答案，成為小說《我愛迪克》的創作起點——至少在我心中，我想用自己作為案例，來探索自己的電影為什麼會失敗。」

就像史登藉由「角色」這個觸發主題來探索創作，克勞斯則是透過自己的生命經驗進行研究。《我愛迪克》的創作形式是寫給他者的情書，裡頭的角色是克麗絲（Chris）與她當時的丈夫兼長期夥伴希爾維爾（Sylvere），兩人一同撰寫情書給第三者迪克，他是加州藝術學院批判性研究學院的院長。然而迪克從來沒有回過信件，也沒有拒絕收取，這些信件就是一去不復返。

用克勞斯精妙的措辭來形容，他們是「在沉默中寫作」，也可說是「在未知中書寫」的變形。迪克化身成一位想像的聽眾，如同一面空白的投影布幕，讓作者能夠投射任何事物在上頭。

我請她進一步闡述：「這位想像的聽眾是如何發揮作用的，能不能請你多分享一點？」

克勞斯說：「它給了我一個收信人，一個我可以與之交談的對象。在寫作課堂上，我們總說要找到自己的聲音，我想這句話的意思是找到你的聽眾。」透過寫信給迪克，她塑造出一個讓自己說話的環境，對這個出現在她腦中的人物說話。這個環境具有特定的文化規範和限制，除此之外，她更刻意創造出反思自我的氛圍。「我決定成為自己作品的藝術史專家，試圖談論那些羞恥、挫敗和屈辱的感受，將它們表達出來，並進一步觀察它們與社會文化的關係。」

我繼續問：「一開始你就預期《我愛迪克》是一本小說嗎？還是只是一場個人的探索？」

她說：「我真的只是把它當作寫信給某人，比較像是一種藝術計畫。」

寫下這些信件變成克勞斯的探索之旅。它顯現在兩個層面。第一個是她遇見自己，經由一而再、再而三地寫給這位「完美的聆聽者」，她與自己過往的藝術生涯所產生的疑惑交纏搏鬥；但在另一個層面，寫信的動作使她得以探索更宏大的事物，最終完成了一本小說。

「直到一九九七年以前，我都不知道它會是一本書。」克勞斯說。在那之前，她已經寫信寫了好幾年。「我帶著好幾個信件和影本的資料夾，出發前往沙漠地區。我在那裡租了一間小屋，每天賞玩這些信件，並進行編輯和刪減。我開始將它們修改成書籍的形式，毫無疑問地，這些信件讓我的寫作成為可能，這就是後來的《我愛迪克》。」

出版多部作品的作家兼部落客考特妮・E・瑪汀（Courtney E. Martin）告訴我，她如何透過日常生活中面臨的啟發性問題來進行創作，這些問題成為她進入創作領域的切入點。與克勞斯一樣，瑪汀談到她如何透過寫作，來探索那些個人尚未解決和未知的問題。她以每週發布在「存在」（On Being）網站上的部落格為例，她必須將各種即時、緊迫的資訊轉化成新鮮有趣的觀點，「我不斷尋找模式、尋找問題，探索一些有趣的瞬間——一切都關乎我如何生活。」

瑪汀曾經受過記者的訓練，這與她如何進入寫作的未知有關。她認為記者的標準流程就是，以第三方的角度進行調查與報導；雖然如此，她的文章卻加入許多文化與政治的議題，因而顯得相對主觀。「一位傳統的記者會深入調查、撰寫稿件，但是從不表現出自己的人格——『我』從來不會出現在報導中。」她這麼告訴我。

她的文章融合記者專業與個人特色，引起了我的興趣。瑪汀能夠將不尋常的社會議題，與自己的惶惑、生活難題、面臨的未知連結在一起。最後，為了在未知中尋求發現，為了形成自我的思考，為了透過創作或寫作尋找了解自我觀點的方法，她努力創造了許多條件，這些都是她精心鍛鍊的技巧與勇氣的產物。

寫作能夠洞察自我，瑪汀的朋友兼導師、受人敬重的教師及作家帕克·巴默爾（Parker Palmer）就曾說過：「寫作是將內在的變化釋放出來，就像在跟電腦或是稿紙傾訴一般，也可以說是不用預約或付費的談話治療。」[15]本節開頭引用了雨果的話，更能夠延伸說明：「你的寫作定位（甚至創造）了你的內在生活。」

在我們的對話過程，為了進一步說明自己的觀點，瑪汀將話題集中以她正在進行的計畫為例。

身為一位幼童的母親，她正和孩子的教育環境問題展開拉鋸，這涉及北加州公立學校的入學機會、階級身分和種族議題。最自由開放的白人中產階級家庭，是如何選擇孩子們的教育環境呢？瑪汀說：「我正在做的是公共教育的系列專題，試圖探討白人父母如何成為美國公共教育體系多元發展的阻礙。」她所提出的，無疑是美國文化當前的問題，更是整體環境的挑戰。

然而，與此同時，瑪汀也身陷其中，與我們公開地分享她的掙扎——面對自己必須為孩子的未來抉擇而奮鬥。這種結合是強有力的，同時也顯示瑪汀的創意發展並非單純透過寫作技藝，而是直面自己希望能有什麼樣的生活。

在一次關於詩歌的談話中，迪．普利斯科對「進入未知」提出一個不尋常的思考。

「在你詩歌創作過程中，進入未知的切入點是什麼？」我問他。

「是節奏、聲音，是音樂。彷彿我感覺到某種事物，而它必須附身在文字上。」我喜歡他的回答，這和我之前聽過的觸發方式不太相同。

「您能夠描述更多細節嗎？」我繼續問道，「你能描述一下這種經歷嗎？」

「有一種不踏實的感覺。我感到抽離，只能夠透過寫詩來抒發。」他說。

和一位被「節奏」與「不安」激發靈感的作家談話使人著迷。在他創作詩歌之前，並沒有所謂的預想，僅僅是受到一股衝動，甚至是渴望的驅使。他還強調，他的詩歌創作「並不是為了提出什麼特殊的論點」。

「我並不想告訴讀者我在想什麼。我只想做出美妙的聲響，貼合音樂或旋律，貼合我所書寫的東西……我從來不複製任何事物，而是試著創造新的內容。」

這段描述，凸顯「求知而行」是如何改變我們對創意發展過程的理解——與其說是對已知概念或願景的再複製，不如說是展開形成中的創意與想法。

未知的寫作：如何建構世界／宇宙

「重要的是，我們擁有的不僅是表達的能力，而是創造的美學。」——布里埃爾・喬西波維奇（Gabriel Josipovici）(16)

「無為的價值，就在於其有所為。」——譚恩美(17)

倘若我們找到進入未知的切入點，那麼接下來該怎麼做呢？作家構築了什麼樣的環境，讓自己的創意得以繼續推進？譚恩美用「建造宇宙」的概念來回答這個問題：「我必須建造屬於自己的宇宙，就像是一個創世者。」那是一個被創造出來的環境，一個框架，無論多麼神祕，它都允許我們開展未知。

譚恩美用量子力學進一步描述她的譬喻，「雖然我不甚明白，但我仍使用著它。」把創意的宇宙想像成能量、暗物質、弦理論、粒子和宇宙學常數，這種思考是非常有啟發性的。這就像是海森堡（Heisenberg）的不確定性原理（uncertainty principle），我們可以推斷，藝術家自己都無法完全掌握他們創造的世界中的粒子位置與動態。

譚恩美承認，儘管這個世界是由她創造的，她仍然必須向創意的宇宙屈服。「你不知道是什麼力量，但確實有東西正在運行。」譚恩美解釋，只有透過參與其中才能知曉。她探索自己的創作歷程，是透過和神祕力量的搏鬥，和模糊概念的共舞，探查神祕與未知——透過自身的「專注」，找到觸發創意的核心。

專注能讓小說家辨識出議題的相關性，透過這種關聯性，讓寫作者的想法有機會凝聚和擴展，有機會認知到一種持續存在的模式：「它們似乎一直都在發生。」而創作的過程同樣使人驚覺：「你以為這一切都是偶然與巧合，實際上是獲得了宇宙的幫助。」

前面我談到創作的連續性，在這樣的狀態中，創造性參與超越了寫作本身這一具體行為——無論是坐在床上或離開床鋪，或是暫時停機。譚恩美用機遇與巧合來說明：在她的創意宇宙中，包含許多看似隨機的事物，但是當我們拉遠來看，每項事物都有其目的性。

「還有一些非常神秘的事物，能夠為我提供對寫作有幫助的訊息……」譚恩美說，「有一次，我正在書寫某個地區的歷史事件，其中包含事件的背景細節，我必須找到與其相符的歷史事證。我隨意取出一本書，翻開它的第一頁，居然正好就是我要寫的那段歷史設定、時代背景和人物等訊息……」

她彷彿進入一個充滿可能性的宇宙，帶來無數的偶然、意外和不可測的潛力。創意的發展是無從抗拒的，對於許多藝術家來說，創作過程本質上就是那種，從看似隨機的事物中誕生的核心創新經驗。

我問道：「你從宇宙獲得那些妳無法真正解釋的東西是什麼？」她說：「當我書寫故事的時候，發生諸多與此相似的案例。我無法解釋那是什麼，難道是因為我的寫作中，具有篩選偶然的能力嗎？還是它就是一種無法解釋的機緣，像是宇宙常數一樣呢？」

譚恩美的經驗幫助我們明白，我們能夠透過創造，尋得宇宙規律之美——在那個世界，探索正在發生，謎團開始揭曉。創作者學習和領悟自身的不同面向，例如未經感知的信念、未經探索的創意。

譚恩美繼續解釋：「在裡頭待了一陣子後，奇異的事情就會開始發生。我們會懷疑這是誰的信念？是什麼力量在決定一切的發生？於是我決定與它們待在一塊兒，然候持續寫出故事。當我愈加深入這些信念，我愈清楚它們的重要性——請盡情取用那些信念，因為在那兒，故事才是最真實的。而且正是透過這個歷程，我才能夠找到自身疑問的解答。」

史登也同意譚恩美的觀點：「唯有經歷不同的步驟與階段，我才能抵達那個位置，進而使自己意識到，這一點到那一點都是有關聯的，終而描繪出事物的全貌。我總是很驚訝，我竟沒有事先看出它們的關聯——我怎麼能夠沒有看出它們？對我來說，並沒有其他的捷徑，只有通過它們才能獲取這些關聯。我甚至不知道，除了坐下來騰挪文字以外，還有什麼方法。」

身為一個寫作者，首先要找到自己的方向，在特定的宇宙規律中進行探索，這樣可以幫助自己打開靈感，產出豐沛的創意。探索未知的過程總是令人興奮的。丹尼斯．菲利浦向我描述，寫作的最初行動——在未知中找到方向感（即使只是暫時的），能夠打開思想的閘門。他如此敘述那個興奮的時刻：「啊，我知道我在哪了！」感覺像是頓悟一般，然後突然「語言感覺像從外部而非內部傾瀉而入，那種感受真是美妙，令人驚奇。」

菲利浦描述的經驗並不少見，很多作家都有類似的說法：一種來自自我以外的感受，那是一條屬於藝術家的通道。毫無疑問地，這些敘述聽起來就像是靈魂出竅的經驗，這就是為什麼許多創意理論提到神性靈感。然而，有些作家進一步闡釋，雖然這些感受是從外部進入到內部，但是如迪．普利斯科所敘述的，寫作的行動實際上是挖掘另外一種感知，即「自我感知」本身。

心理學家亞當．菲利普同樣認為，寫作的行為揭示其本身的「驚喜」，那些一直藏匿在潛意識中未被揭露的部分，直到它發生。艾米．班德補充一個令人信服的洞察：「如果你自己都沒有感到驚喜或是發現新的東西——就像可以預期到即將發生的事情——那麼讀者只會覺得你的作品平淡無聊。」

她舉村上春樹的小說為例：「他的寫作具有一種直覺性的動能，我能夠『感覺』到，這也是為什麼我如此喜愛他的作品。倘若有另外一本書，同樣充滿句子的堆砌，甚至專業的流暢度就像菲利普．羅斯的小說一樣——我可以推崇它且重視它，但總不會觸及內心深處，對我而言，它是一種帶有距離的欣賞，並無法幫助我重整自己的內心感受。」

譚恩美在多元複雜的創意宇宙譬喻中，提出一種在未知世界發展創意的巧妙描述。她的宇宙不僅包含結構，也帶有驚奇；不僅富有計畫，也帶有機遇；不僅充滿偶然，也帶有規律。這是一個能讓作家找到故事與自我背景（類似於考特妮・E・瑪汀的方式）、能揭開藝術形式與個人深度的想像力的架構。在理解「求知而行」的隱喻中，最重要的是，她的宇宙如何在寫作中浮現？而關於產物和歷程，那是某種作家的寫作經驗。這與即興發揮沒有什麼不同，創造和發現的事物終究是一體的（我稍後會再回到這個主題）。

在此，創作的宇宙變成「宇宙劇院」，所有的論述都將被展開。(18) 寫作者進入未知，卻發現另外一個由引力、暗物質和強烈光源所組成的膨脹宇宙，而它們全都在召喚深層創意的到來。

自發的結構

透過裝置與影象藝術家戴安娜・席爾特（Diana Thater），我們得以深入探討創作與未知的關聯，特別是相較於寫作者的文字創作，她的藝術作品格外值得玩味。儘管她經常在同一個作品融合兩種元素，席爾特還是對「裝置藝術」和「影象藝術」做了重要的區分。

她向我說明，自己在進行創作時，「未知」如何在兩種藝術領域中扮演不同角色：「我無法事先為裝置作品設計藍圖（我必須要在空間中想像應該在此做些什麼），但是，我常常需要為影象創作規畫藍圖。」為什麼會有這樣的的差異？為什麼席爾特的創作會有兩種不同的創意發展？答案並不複雜。

不同的藝術類型，在面對未知時，自然會有不同的探索歷程。當一位小說家可能會經由模糊指導方針和最廣泛的框架，進入未知的世界，在探索中構築其架構，一如譚恩美先前分享的創意宇宙。然而，一位影象創作者基於務實的需求，可能更需要在事前就先行發展架構。只不過，行動與知曉的關係是否因此有所改變呢？進入未知如何在裝置藝術和影象創作產生影響呢？

在我們回答這些問題前，首先要記住：在大部分的領域，其結構與限制的發生，都只是時機點的問題，約束終究還是會在某個階段浮現。和我對話過的藝術家與設計師都非常清楚這點，雖然最初徜徉在開闊的創意之海中，但終究會在創作的過程中逐漸變得限縮。開幕之夜總會到來——藝廊要展示藝術家的作品；出版社要完成編輯和排版；設計師要交付產品；建築師要施作他／她的設計圖。

讓我們仔細看看席爾特的藝術計畫《如現實般激烈》（*As Radical as Reality*）：這是一項裝置作品，以影象紀錄世界上最後一頭雄性北方白犀牛（名為蘇丹〔Sudan〕）。在二〇一六年三月，席爾特前往肯亞拍攝這項主題，但是在二〇一七年十月的訪談中，她和我說：「現在只剩下三頭犀牛，兩頭母的，一頭公的。當蘇丹死亡時，牠們將不再有繁殖的可能，該物種即被視為滅絕。」

令人遺憾地，蘇丹真的在隔年三月死亡，享年四十五歲，意味著一個物種的消失。但是在此之前，席爾特已用影象紀錄了這頭美麗動人的生物。

在拍攝的時候，特別是像《如現實般激烈》這樣充滿複雜挑戰的計畫，席爾特就需要一些規畫，並且盡可能地遵循這些規畫。如同一般電影製作一樣，由於工作室所面臨的商業現實，例如她需要聘僱專業技術人員、攝影師、演出人員等，必須在流程上有著嚴謹的限制。時間就是金錢，如果沒有大量的前期規畫和危機預測，一般的工作室並無法承受超過預期的計畫。那麼，這些限制將會如何影響「求知而行」的進展與探索的力量呢？

席爾特告訴我：「當我開始創作時，我會有一個概念或畫面。」那個概念或是畫面，就是她進入未知的切入點。而她前期的工作，則是透過一系列有趣的行動來形塑想法、深化創意，並將自己準備好進入關鍵的執行狀態。她接著延伸問題、閱讀資料、研究圖象、思考可能性和盡情玩樂。她在自己的工作室裡頭探索、發想，為製作影象擬出一套計畫。

然而像拍攝蘇丹這樣的特殊案例，她如何在這個物種逐漸消失的時刻賦予它尊嚴，如何哀悼這個物種即將消失的事實？當她在工作室規畫流程時，她漸漸明白自己想要的內容：「我決定拍攝太陽的餘暉落在牠的身上。太陽落在一個物種身上，就是這樣。我希望蘇丹成為那個象徵，因此我決定全程拍攝牠的側面。」

就算有如此強烈的畫面引導，但在實際的現場發生了什麼事？計畫有改變嗎？在現場是否有即興創作？倘若有的話，變化是微小的還是巨大的？她在那裡是否有機會發現一些事先無法知道的東西？在蘇丹的案子中，變化確實以微小但重要的方式發生了，那就是：席爾特事前未能想像到當地的光線、地景、陽光和犀牛的角度，以及被攝者當時所進行的行為與狀態。

「在拍攝途中，我必須判斷是否要移動攝影機，或是擺設另外一台攝影機，或是從更遠的地方拍攝。」期間席爾特做了一個有趣的決定：她加入一個日出的鏡頭，以呈現光線、角度和影象的質感。「最終，我拍下犀牛在日出和日落的狀態，看看它們之間有什麼不同。」這些鏡頭不僅是她創作的產物，也是對當下的覺察。

當我和席爾特一起研究她的其他創作時，她告訴我一些比《如現實般激烈》更加即興自發的影象作品，並從中發現更多「求知而行」的細微元素。例如，當她在製作影象裝置《車諾比》（*Chernobyl*, 2012）時，她事先到了現場四處勘查：「我在車諾比待了一整天，回來才開始設計這個專案。」

此外，在創作《脫逃世界》（*A Runaway World*）時，席爾特則是前往肯亞的凱烏魯山（Chyulu Hills）拍攝一群大象：「我在二〇一七年三月拍攝這群野生的大象。我和自然保護員一起行動，找到牠們並且拍攝下來。在這個案子中，我並沒有任何拍攝計畫，因為我完全不知道自己會看見什麼。我知道自己想要什麼，但我不知道自己會獲得什麼。」

「能否告訴我，什麼叫『妳知道自己想要什麼』？」我問她。

「總會有一個完美的畫面，我想像著它，問我自己能夠取得這個完美的畫面嗎？」

「妳在心中看見那個完美的畫面嗎？」

「是的，我看見它了。當我前往車諾比的時候，我拍攝生活在有毒環境的野生馬群，而我對畫面的想像是一匹（或一群）野生的馬在廢棄都市的街道上。天知道我能不能拍到這個畫面！但是當我抵達時，那裡確實有馬，而且就在城市的街道上。」當畫面出現時，她必須即刻回應：「牠們就在街上，而我只能用手上僅有的相機拍攝下來，那是一台小小的萊卡相機。」

回到肯亞大象群的作品，我們進一步探討完善的準備工作與創作之間的關聯。我問席爾特：「在創作《脫逃世界》時，是否也是結構化的即興創作，或是建立某種準備狀態下的產物呢？妳是如何將自己準備好，以即興發揮大自然中象群的特質呢？」

戴安娜·席爾特的裝置作品《脫逃世界》（2017），
洛杉磯密斯蒂克空間（The Mistake Room）。

「我所有的經歷，我所知的一切，過去和野生動物合作的經驗，使我得以捕捉這個鏡頭——我理想中的畫面。」

只是同樣地，成功來自於充分的準備，而這次歸功於席爾特招募來的合作夥伴，以及等待完美時刻的耐心：「我和環保人士合作拍攝作品。我目標拍攝的公象（我只記錄公象）都會來到位於大生命總部（Big Life headquarters）的游泳池飲水，而這些夥伴最了解這個地方。我告訴保育工作者我想要拍什麼，他們建議我，晚上再來這裡架好攝影設備，並設置障礙物把自己隱藏起來，使自己拍攝時能夠匿跡。之後，我每天晚上都躲起來拍攝，甚至坐在泳池畔，對著眼前的象群錄製影象。最後，我真的成功獲得我想要的畫面。」

席爾特的故事，正好呼應了蕾貝卡．曼德斯（Rebeca Méndez）與我分享的洞察。曼德斯認為，等待本身就是一種深度創造的行為：「讓一切沉澱下來，『尚未知曉』（Not knowing）代表你無法一直倉促地前進。」她以自己的影象作品《環日：遷徙一號》（*CircumSolar, Migration 1*）為例，這部作品追蹤一隻嬌小的、身型只有一百一十三克的北極燕鷗（Arctic Tern）。這種鳥類有著地球上最遙遠的遷徙距離，牠們從北極飛到南極，再返回北極，每年皆是如此。

「我駐點在北極，接著就是無窮無盡的等待，而等待就是自然的一部分。」她將等待視為求知的必經之路，以抵達「用你的全身體會自然，打開所有感官，以全新視角看待事物」的境地。

等待也是與世隔絕的創意空間：「正是孤寂使我看見不一樣的世界。等待不僅是與自然相處的一種方式，也是與自己相處的一種方法（這也是最困難的部分）。僅僅是『存在當下』比去做某件事情令人困惑，當我察覺自己在安靜中等待，我開始尋求感官、自我、意識、邊界的消融。最終我『與之共存』。我成為天地的一部分，和風在一起，和鳥在一起，和我觀察的對象在一起。也就是說，等待、等待、等待，存在當下，消融自我。」

「這麼說來，等待並不是被動的。」我問她。

「沒錯！」曼德斯說，「我選擇主動的等待。那是一種未知的行動，令人非常害怕，而我在其中感到脆弱。」等待，充滿矛盾與假象，卻可能是進入未知的行動。

在講述等待象群的攝影故事後，席爾特描述了等待如何觸發攝影的細節，為我們開啟進一步的發現。她將自己攝錄野生動物的過程比做「小說家體驗到人物表達自己想說的話」，她就像是為動物們

蕾貝卡・曼德斯的裝置作品《環日：遷徙一號》，2013 葛洛藝術節（2013 Glow arts event），加州聖塔莫尼卡市。規格為 30 分鐘的單頻道影音，投影在直徑 25 英尺的螢幕，以圓形的桁架懸掛在沙漠上方。

（也就是影像中的角色）製造空間，讓牠們能夠自由地表達自己，而自己是如何有意地準備好聆聽牠們的聲音。

當她回到工作室研究攝影成果時，傾聽的精神一樣延續著，她得敞開心胸感受任何可能浮現的事物，那也許就是下一階段創作的開端。「當我回顧自己的作品時，我會想，來吧，來看看我到底做了些什麼？慢慢來，在這個創作的過程中總能發現一些啟發性的事物。」然後，這些新的發現，就會成為下一個裝置作品創作的基石。

從席爾特作品的裝置過程中，更能夠看見「求知而行」的影響。在這個階段，她使用 SketchUp3D 建模軟體（通常用於建築、室內設計、景觀設計、影象或電玩設計等）。使用這個軟體是創作準備的第一步，SketchUp 讓她有機會做各種嘗試，可以說是數位世界中的「求知而行」。

席爾特說：「我從手繪開始，接著使用 SketchUp 建造模型。我也在空曠的大空間建模，或是，如果可以的話，去舉辦展覽的具體場域，並在那個空間上嘗試看不同的組件，但是大部分呈現的效果與我在 SketchUp 上的設計相去不遠。我更喜歡建造 3D 的模型，因為我的學習背景是建築，和空間相處，對我而言已成為自然。在這個工作階段，細節會不斷地改變——也許我會試試這個，或是來試試那個，我朝這個方向做好了。只有透過實行的歷程，才能夠找到我想要的東西，說出：『嗯，這樣看起來就對了！』」

舉例來說，當席爾特從白犀牛蘇丹的攝影行程回來以後，她開始了她的創作過程，最終設計出了這個裝置。她將拍攝的影象顯示在兩個交錯的雙螢幕上，同步投影犀牛的不同角度——她在犀牛的兩側各架設一台攝影鏡頭，為的是記錄夕陽下完整的犀牛身影，以顯示犀牛側身的「複雜性」。當她「創作」出各種影象裝置的設計，她愈加明白這種複雜性所代表的意義。

「我希望創造一種主體性，使它能夠以平等的方式與觀眾的主體性對話。所以重要的是，犀牛必須足夠巨大，而且眼光必須和觀賞者視線在同一個高度；同時，也要讓觀賞者感覺到自己的渺小。犀牛的主體性是很複雜的，我希望能在裝置中展示這種複雜性。對我而言，製作這項裝置就像在與空間共舞。」最後，交錯的雙螢幕成為她選擇的解決方案。

但是，當她在做雙螢幕的最終測試時，忽然覺得這個想法不管用了。她再次投入創作，將素材重新整理，四處移動它們，嘗試不同的影象畫面，交換不同部分的關聯。就在探索的過程中，她決定翻轉其中一個螢幕的影象：「我讓影象從後方呈現，而它真的管用。當一邊的畫面翻轉過來以後，我就知道事情成真了。」如此一來，她透過行動知曉了。

當席爾特挖掘出自己要做的是什麼，她的同事前來欣賞，並給了一種註腳，用來描述她所創作的作品。她知道自己應該如此裝置，但是由她的同事為這個作品下定義。「他們告訴我：『你摺疊了空間。』他們說的沒錯，我們同時看見犀牛的兩側，而且影象彼此對反。『你透過交錯的螢幕，用最簡單的方式折疊空間。』我認為他們說的完全正確！」

席爾特總結這項非比尋常的計畫：「我沒有想過最後我會用這樣的裝置呈現影象。過程中我漸漸找到未預期的事物。在這個案例中，它用非常簡單的空間摺疊（或是刺激人們思考的空間摺疊）方式呈現。」正如她在世界上最後一隻雄性北方白犀牛身邊所感受到的空間與環境，深受啟發的她帶著這樣的經驗，朝下一個作品邁進。「在這個計畫中理解的事物，竟成為我下一個作品的起點。這是我從來沒有計畫的事，它就是出現了，然後產生一個全新的創作想法。」

劇本的創作與改編

和原創或改編劇本的創作者交談，能進一步幫助我們理解進入未知意義的另一個層面。與席爾特拍攝北方白犀牛的案例相似，劇作家通常在計畫最早期就在某些特定的結構中工作，因為拍一部兩小時的電影有其架構，在場景、畫面、構

戴安娜・席爾特的裝置作品《如現實般激烈》（2017），洛杉磯密斯蒂克空間。兩面特製螢幕、兩座投影機、兩台影象播放裝置。

圖、演員能力等，都有各自的限制。我訪問了編劇兼小說家羅斯・拉曼納（Ross LaManna），請他闡述自己的兩種身分在創作上的差異。

「寫作劇本在許多面向都比小說容易，怎麼說呢？因為無限的可能性被剝奪了，你需要在框架中創作。」他解釋，「如果許多事情打從一開始就無法發展，在某方面是件好事。因為你知道，它必須要有一百二十頁，需要三幕劇結構，主角必須如此行動，反派則應該要那樣做——接著你可以在這個範圍內做任何想做的事情。而且，在這個框架裡頭創造出新的東西，同樣能夠獲得很大的滿足。」

對拉曼納而言，「求知而行」僅僅發生在結構中的關鍵點之間的空間。他的創作過程並非進入全然的未知，至少實務上如此，但是基本的探知經驗仍在寫作期間發生了。就像法國新浪潮導演尚盧・高達（Jean-Luc Godard）一反電影必須仰賴結構的常規，他提出知名的創作觀點，認為電影必須要有「一個開頭、一個中段和一個結尾，但不必然按照順序」。

透過與拉曼納的談話，我開始好奇電影的改編過程。當一位作家從已經建立的小說或劇本世界開始創作時，這是否會在某種程度上，改變編劇對一些問題的思考？例如進入未知、創作大綱和傳統結構等。對於已存在的文本，人們可能會期待編劇能有一些與原創小說家或詩人非常不同的新想法。

電影學者彼得・伍倫（Peter Wollen）在他的《電影記號學導論》（*Signs and Meaning in the*

Cinema）書中，針對電影導演和獨立製作，闡述了自己的觀點：「導演並不會屈從於另外一位作者，他的原始文本來源只是一個藉口，提供了催化劑和場景，而他將融入自我的想法，以完成全新的作品。」[19] 我們試著進一步分析伍倫的觀點，改編者（在這個例子中為編劇或導演）必須有能力運用原始的文本，當作進入創作過程的切入點。因此，現有劇本的改編可視為實踐「求知而行」的進程，並不需要透過預視或感知，即可進入未知的世界。

雖然並非所有情況皆是如此，但是我想提出一種可能性，即是：改編（乍看之下，進入未知的過程和創作完全相反）在「求知而行」的創作經驗上，可能是相通的。這令我想起爵士音樂家的即興演奏。這種表演形式是一種對樂曲的現場改編，在旋律和主題上進行變化。音樂家在哪些地方即興發揮，是無法預測的。

若用伍倫的話來說，原本的旋律是讓音樂家使用的「催化劑」（catalyst），用來創造新的作品。改編並不是盲目地複製，也不需要完全忠於原作。大多數時候，他其實是創造屬於自己的作品，並在創作的過程中，呈現出全新層次的認知。

這裡舉一個從書籍改編成電影（也就是僅能從製作中知曉）的傑出案例，就是查理・考夫曼（Charlie Kaufman）在二〇〇二年編劇的電影《蘭花賊》（*Adaptation*）。它的「催化劑」來自於蘇珊・歐琳（Susan Orlea）的同名小說《蘭花賊》（*The Orchid Thief*），由史派克・瓊斯（Spike Jonze）導演，為改編劇本如何揭露故事本質的歷程，提供令人信服的案例。

作家兼電影製片人羅伯・菲爾德（Rob Feld）曾在《蘭花賊：拍攝腳本》（*Adaptation: The Shooting Script*）一書中，採訪考夫曼和導演瓊斯的合作經驗。他問到編劇是如何進入寫作狀態，考夫曼回答：「那要看是什麼情況。有時是一個事件，有時是一個主題，在《蘭花賊》的例子中是一本書。我喜歡自由一點，不喜歡在開始的時候知道太多。我喜歡任由事物帶我前進。」[20]借用考夫曼的話來說，寫作是為了「給自己驚喜」。他談到「意外的機遇」（fortuitous accidents），即透過寫作過程中浮現出的事物。「我感到既恐懼又愉快，因為我不知道結局將會如何，而這會幫助我繼續寫下去。」他描述自己如何透過創作中找到組織架構的過程，以及初稿完成後進行必要的修改和整理工作。

在改編《蘭花賊》的過程中，考夫曼強調，他對改編並沒有特別的預想。他僅僅是對一本「關於花的書」感到好奇，而且書中幾乎沒有什麼戲劇性內容。只是這種啟發很快就變成一連串的挫敗，使他一度想要放棄。他在訪談中提到（他甚至在電影的一個場景裡表達了這種情緒），如果不是製作公司「已預先支付一定的費用，非繼續進行不可」，他可能真的會全盤放棄這個計畫。

生活的必要可能也是創造力的關鍵因素，這種現實會迫使藝術家持續探索古怪、嚇人，抑或是看起來平淡的事物。我對於創造這種必然性的外在條件（如金錢、期限、戲劇排練、學校作業，或者將某人綁在椅子上創作）並不感興趣，有興趣的是它如何迫使藝術家進入未知的世界，也就是一位創作者的切入點。

雖然「等待靈感的降臨」是考夫曼勉強承認的方式，但或許我們長期以來就誤解靈感的意義（例如看見石頭中的天使），以為會有一把魔法鑰匙來讓我們進入神祕世界的大門。這種思維無疑限制了我們對創意發展的理解，甚至是產生誤導。而我們必須要有足夠的勇氣（甚至找到充足的「催化劑」），來迫使我們進入未知。

那麼考夫曼在改編劇本時，是怎麼進入歐琳的故事呢？在菲爾德的書中是這麼說的：

> ……這本書描述了歐琳的自身經驗，她和一位佛羅里達的男子約翰．拉羅什（John Laroche）所發生的故事，而這位男子曾經因為在沼澤保護地竊取蘭花被逮捕……很快地，考夫曼就發現自己的困境：要如何讓一朵花產生戲劇性？由於編劇的支票已經兌現，他沒有後路，必須要完成這部劇本。經歷過無數次的失敗與重新來過，他最後決定在歐琳的真實故事中加入一個虛構人物——查理．考夫曼，一位被委託改編《蘭花賊》的編劇。(21)

考夫曼經歷多次的「起頭失敗」（或稱讀取訊息的過程），最終找到揭示自我的時刻。他透過創作／製作而非預先設想的過程，創造屬於自己的解方。電影的英文名稱取做「改編」（Adaptation），正是取其內涵，並與「求知而行」這一理念產生絕妙的呼應。這一齣劇本極具個人特色，不僅名稱富有創意，也體現創作歷程與內容緊密關聯。菲爾德告訴我們：「《蘭花賊》是關於一位作家在描寫一名女子遭遇的過程中，迷戀上這名女子的故事。」(22)這便是「求知而行」的完美展示，而且故事依然圍繞著一朵花。

在書本和劇作、一手和二手文本、兩個動態世界，或是在改編中不斷擺盪，本來就是電影製作的核心體驗。如同考夫曼所反思的：「將真實的人物，包括實際寫作的人，讓他們成為電影中的角色，讓觀眾經歷他們寫作的過程。你會一直被抽離出來，儘管知道它只是電影中的故事，卻還是會有個聲音一直跑出來問：『這是真的嗎？還是虛構的？』我非常喜歡這種想法。」

這些內容為「求知而行」提供另外一項重要的見解。就像真實與虛構共同組成電影的核心一般，對於藝術家而言，行動與知曉也同樣如此——真實與虛構之間的模糊性，就像藝術家們談及如何將探查的內容融入創作之中。

我們再看看考夫曼如何評論寫作者：「讓作家既成為自己所寫作品的主體，又是創造者，並讓寫作經歷同時成為了解作品的過程。而通常這個時候，我們會產生一種疑問：這是創作還是了解作品？」當創作過程與最終結果合而為一，「求知而行」便能夠達到平衡，於是，創造與被創造的事物就能夠共用同一個詞彙：改編（adaptation），就像是即興發揮（improvisation）一樣。若要我提出「求知而行」的最佳觀察案例，無疑就是電影《蘭花賊》。

當我向電影製作人查克・史奈德（Zack Snyder）詢問改編劇本的過程時，他非常直接地談到最初的文本：「我沒有想用太大的力氣重新創作整本書。我只是試圖汲取我認為精采的部分……

也是我最在乎的那些事。」我們對話的時間，他正在改編艾茵・蘭德（Ayn Rand）於一九四三年出版的小說《源頭》（*The Fountainhead*）。

這部小說曾在一九四九年被改編成由賈利・古柏（Gary Cooper）主演的同名電影，由作者蘭德本人親自改編，而她的劇本正是史奈德創作的關鍵：「我在資料庫中找到蘭德的草稿，華納的檔案庫，粗略的草稿，沒有任何影本，總共三百八十頁。這份資料是我創作的架構。」最後，他將這部作品改編成十集的電視迷你影集。

當我們談話進一步深入，我開始了解史奈德所說的「在乎的事情」是什麼。就像對考夫曼或是其他人那樣，必須是一種「驚喜」，而這次的驚喜來自於改編作品中的「聲音」：「儘管這本書我讀了十幾遍，但是當我開始著手撰寫劇本的細節，我仍然會發現新的東西……只不過，真正令我驚訝的是那個『聲音』。我問自己，我可以捕捉那個聲音嗎？我可以感受那個聲音嗎？我就像和書本在跳舞一樣，試著跟上它的律動；而當我移動或是改變時，它也會隨之移動到『應該』去的地方。」

史奈德告訴我，他添加了一幕原創的場景，這能用來提供劇情所需要的線索，並幫助特定的角色合理化。當他幾天以後再讀一次劇本，結果根本忘記自己寫過這一幕原創場景，甚至沒有看出增添的部分。這對他而言是非常好的檢驗，代表該場景已經成功融入劇本，並沒有任何突兀的地方：「或許那就是對的律動，很明顯我成功騙過了自己。」

史奈德為了追求驚喜而創作。和許多藝術家一樣，他每天都有規律地進行寫作。他身邊或許有一份原創的劇本，或是一本正在改編文本的大綱，但是他明白，自己只是運用這些素材來進入「未知的恐怖境地」。史奈德說：「我認為每一位藝術家，都應該盡可能把自己置身於這樣的地方。」

那麼，讓編劇得以進入恐怖境地的切入點是什麼？「可以是任何事物。」史奈德說，「可以是我無意看見的東西，可以是一張照片、一幅圖畫，或是一個真實發生的片刻。」他發現自己能夠捕捉生活的靈光，沿著開放且充滿可能性的道路，進入所謂的「恐怖境地」探索。

「在電影裡頭，你能夠透過想像力收攏自己的創意——它們存在於時間和空間，並且不斷移動著。你必須追蹤它們，並且了解它們想要什麼。或許你會閃現一些疑問：那是什麼？為什麼會出現？倘若它的能量足夠豐沛，就會一直持續下去。它會塑造你能夠踩踏過去的道路。而且它會改變，也會演變。」

正如我所強調的，「求知而行」並非即興發揮。事實上，無論經由哪種媒介，作品的品質和創作者的技術、經驗、教育、品德、涉入程度，皆有直接的關聯。而這些都是創作者在進入未知與難以想像的境地時，能夠站穩腳跟的基礎。

史奈德在我們討論他的寫作經驗時，呼應了這一觀點，也提及某種進入「心流」的瞬間：「那是驅動你前進的動力，就像是打高爾夫時擊出一記好球。我不是一名高爾夫球好手，所以我不知道事情是如何發生的。但是有一本書叫做《高爾夫小綠書》（*The Little Green Golf Book*），裡面有一個很不錯的觀點：作者認為，我們必須『優秀到足以給機運一個機會』。我認為這在創作過程中被低估了，」他繼續說，「因為只有當自己的能力在水準之上，你才能夠抵達對創作開放的境界。屆時，你將有能力理解事物、回應驚喜和意外——你知道當它們出現時，你應該要如何回應。唯有在你能夠抓住它們時，才有機會實現世界上最偉大的想法。」

史奈德的編劇工作並沒有在寫完劇本的那刻結束。他的作品還有第二個「求知而行」的階段，是一種不同的寫作方式。他在拍攝之前，把劇本轉化成詳細的分鏡：「當劇本被寫完以後，我開始用繪畫的方式再寫一次。從最開始的地方，劇本的第一頁，我打開它並開始繪圖。我將所有的鏡頭依照剪輯順序畫下來，如果我需要重新剪接一個特寫鏡頭，我就要重畫一個鏡頭。如此一來，就需要好幾個月的時間。」

接著他向我展示改編電影《守護者》

（*Watchmen*）的分鏡表，精美的素描本中充滿圖畫，以及視覺效果的想像，穿插一些他找到的照片示意——這絕對是視覺的寶藏，就像文本一樣精緻豐富，甚至還要更多。

史奈德將繪畫與分鏡視為完善劇本的一種方式。他承認拍攝的過程中會有需要即興創作和發揮的時刻，但是他仍需要分鏡來讓自己更加誠實，並深掘進寫好的劇本中。

「我發現自己總是試著探尋第二層的意義，而且更有意識地探索『為何』如此。當我根據劇本繪製分鏡時，我會在文字、影象和拍攝計畫之間建立起謹慎的連結。我認為《守護者》是重要的文學作品，我以更嚴謹的態度看待它的轉譯，而繪製是確保隱藏在文字之後的意涵能被妥善地處理，以避免拍攝的當日，若是演員遲到或是你沒有足夠的時間，你不會遺

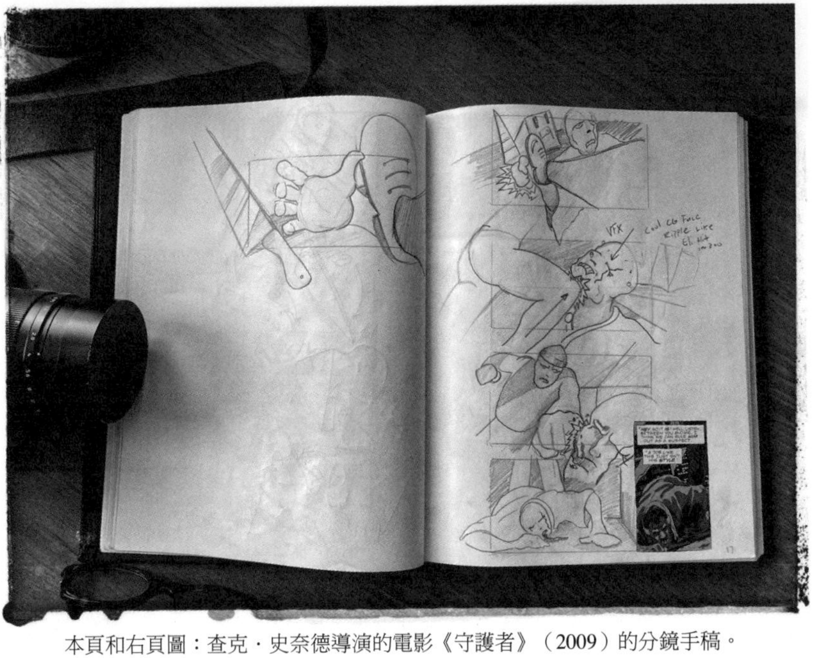

本頁和右頁圖：查克．史奈德導演的電影《守護者》（2009）的分鏡手稿。

漏這些潛台詞。我認為繪製分鏡就是這個功能。」

雖然有著編劇的縝密思維，但史奈德卻是一位視覺思考者。「我發覺當我在繪畫的時候，我就是在創作。我總是和別人說，繪圖是我第一遍拍攝電影。」由此可見，他的「繪畫」使他「知曉」電影的內涵。史奈德說：「那是我的啟發性文本。」也可以說是他的技能給了機運一個機會。

隨後他講了一個有趣的題外話：「前幾天我妻子對我說：『你有沒有想過不要寫劇本，直接畫出整部電影呢？』我覺得非常地有趣。雖然我很想試試看，但是我認為工作室可能不樂意我這麼做。」

有時候，他的繪畫細節會造成現場的麻煩。例如他會依照分鏡圖糾正演員的動作：「我會告訴他們：『你應該站在這邊，懂嗎？你得像我畫的一樣，站在這個位置才對。』」史奈德說：「有些演員會覺得很困難，但他們會習慣的。雖然有時候他們也會拒絕我。」

同樣的衝突也發生在他與製作設計師身上。「有一次，我不小心把門的鉸鏈畫在另外一側！因為我畫錯鉸鏈的位置，所以換到下一個鏡頭時，那扇門就會擋住所有東西。」他對分鏡的過分關注會惹惱製作設計師，但是史奈德說：「只有畫圖能讓我在這麼細節的層面上思考。」

當我追問史奈德，在拍攝的現場，有多常偏離分鏡而即興發揮？他猜測有一半的時間會在現場修改內容。史奈德說：「這是人們在空間和桌面上的現實，但是一旦所有人都到齊了，繪圖也沒問題，但你必須將它製作出來。雖然它只是一幅藍圖，但是卻給了我自由——若沒有這些事先完成的圖畫，我無法組織安排好需要做的事情。我的任務是將繪畫與現場發生的事情結合起來。」

「修訂內容」是更深度的知曉

> 「一件作品永遠不會完成，除非發生一些意外，如倦怠、滿足、交付期限或死亡。對於製作的人來說，這或許也只是一連串內在變化的其中一環。」——保羅．瓦勒里（Paul Valéry）[23]

每一位作家都會談到修訂。它幾乎是所有創作過程中的核心部分，且在不同的階段指涉著不同的意涵：從起頭，到修訂，再到潤飾，以及在期間所發生的任何事。有趣的是，讓我們停下來思考「求知而行」在這裡所展現的意義：一位寫作者是否將修訂視為「新的觀點」、「修正觀點」或是「觀點的再現」？如果最初就沒有所謂的觀點（vision），我們如何將其視為「修訂觀點」（re-vision）呢？我們是否能將修訂視為一種重製，或是一種更具深度的知曉？

我們回到湯姆．史登的小說《消失的雙胞胎》，你可能會記得史登運用自己的寫作方法來了解和認識他的角色，這讓他有了一個非常關鍵的時間。當他坐在床上，身旁是熟睡的妻子，他腦中出現了這樣的畫面：他正在著手寫一個故事，是一個男人懷了他雙胞胎兄弟的故事。史登說：

「隔天早晨，我起床並坐下來書寫，並專注於這個念頭。我試著不要過度定義它或命名它。」

我特別留意史登的說法：他將初始的關鍵畫面敘述為「念頭」（notion）和「主氛圍」（central circumstance），但這時這都還不是小說的觀點。「然後，我要發展的是這些角色所做的事情，並且透過寫作持續探索。」

我問他：「你是如何從這些零碎的筆記中，創造新的氛圍呢？」

「我從第一頁開始寫。在這之前，我可能有四十到五十頁的角色基礎，然後我回到第一頁，重新推動劇情。我以為我們現在正朝這個大方向前進，在這樣的前提下加深小說的層次，並且修正其中的細節。雖然這些角色之前對某些事物的反應是正常的，我卻認為在新的環境主軸下，他不會做出相同的反應。或者舉更具體的例子，我開始理解主角和他女友的爭論，原來是因為他無法接受自己懷孕的事實。」

史登透過寫作發現，主角的困擾原來是對自我的厭惡，這開始影響他的世界，更進一步強化場景的力道。史登在這個過程中觀察小說故事的走向，然後他透過「重寫」來「修訂」，並發現新的內容：他的主角懷了自己的雙胞胎兄弟，而且這位兄弟「在商業方面是位天才」。史登說：「這個念頭出現在我的腦中，整個故事的氛圍開始有了大轉變。於是，我又回到故事的開頭，重新修改一遍。」

史登的方式便是：透過寫作的過程，探索他的角色和處境——無論是寫作當下，還是坐在床邊突然有了新靈感。他終將明白這是怎麼回事，帶著這一層理解，他重新回到小說的開頭，並且加上新一層的故事。在這個過程中，他發現了另一個元素，促使他再次開始，添加下一個部分。小說寫作本身即是不斷地探索和修改的過程——從創造到知曉，從再創造到再知曉的過程。

在採訪迪．普利斯科時，他告訴我：「我無法想到任何一本我寫過的書沒有重寫二十五次，甚至更多。」

這讓我忍不住問和史登相同的問題：「你真的在寫完全部草稿後，才回頭修訂嗎？還是寫完幾頁後修改一些，再繼續寫下去呢？」

「我想都有。」他回答，「那是非常彈性的過程，並沒有一套固定的流程。我時常帶著一個靈感或一段喜歡的句子醒來，然後著手處理它，試圖攻破它。接著某種東西開始被揭露出來，就像從波斯地毯上拉扯出一小根絲線，整個事情就全都變了。」

迪．普利斯科的修訂過程，實際上是一個不斷發現和創作的過程。他舉了自己的小說《到此為止》（*All for Now*）為例，聽起來非常像史登的做法：「你必須不斷地找尋新東西，在《到此為止》這本小說中，我一直寫到結局才知道故事真正的意義。然後，我必須要回頭找出影響角色的所有線索，我必須問自己，角色是如何在訴說故事的過程中掌握這些資訊。找到真相時，我真的興奮極了！然而這無疑是繁重的工作，因為我必須回到前面，再次將小說的細節補足。」

不得不說，這完全是「求知而行」的展現，儘管只是修訂的過程。再一次地，我們見證一位藝術家表示，他事前並不知曉自己作品的結局，直到他寫完的那一刻。接著他進入小說與之對話，在那段投入的過程中，產生更多的創造與知曉。

談到這裡，迪・普利斯科告訴我，他實際上是透過修訂的過程，進一步認識這些角色的新面貌，並且創造一些新的場景。最後他總結：「可能很單純地，或許根本沒有修訂這回事，有的只有重新寫作。你所能做的，只有不斷地寫作——並非在既有的事物上更動，而是再次看見、再次遇見。」毫無疑問地，這就是再次創作。

艾米・班德將修訂稱作「敏銳的聆聽」（acute listening），她把自己想像成小說的讀者。這對創造並且熟悉這些文字材料的作者而言，無疑是最巨大的挑戰。真正「敏銳的聆聽」是有困難的，它需要一定程度的顛覆，而班德刻意消除對文字材料的熟悉，以幫助她「再次進入未知的世界」。她想要像第一次看見作品一樣閱讀它。

「妳是如何進入那雙眼的？」

班德說，她會運用多種策略來進行，例如她會將內容列印出來，而不是在螢幕上閱讀。有時，她會聽從蘇珊・貝爾（Susan Bell）在《藝術性編輯》（*The Artful Edit*）中提出的建議，改變文本的字型，讓它看起來像篇新的文章。[24] 但是無論採取什麼方式，班德的目標都是希望能夠看清內容，檢查是否有盲點和自我。她打趣地說：「就是很平常的『殺了你親愛的東西』模式。有一句令我十分著迷的句子，因為幾個原因，我卻需要鼓起非常大的勇氣刪除它。」

迪．普利斯科說了幾乎完全相同的話：「作為一名作家需要勇氣，能夠有力量將一些事物拋棄。」我們可以說，「刪減」同樣是透過行動獲得知曉，修訂就是這樣的階段。

班德接著說，當她回頭看自己的作品：「它可能成立，也可能不成立。倘若進行得順利，那麼修訂只是另一種校正的狀態，雖然過程中可能會有大幅度的刪減，但是核心概念保持不變；相對地，如果事情不太順利，我會直接放棄。我不相信自己能讓不成立的事情變得成立。」

「那麼接下來會發生什麼事情？」我問。

她回答：「它就待在那兒。或許有一天，當我有點時間時，我會重新將它拿起，然後發現我們再次有了連結，到時候我會重新開始編輯它。或許它會以新的形式出現在新的故事或小說裡，但我並不會知曉，因為它看起來就是全新的東西。我也許會找到新的角度詮釋它，那代表我開始擁有過去沒有的新的語言。」

「那麼編輯代表什麼呢？」

「逐字逐句進行，填補一些在我認為可以繼續發展的地方。我對文章韻律感的重視勝過其他任何東西，節奏如何？節拍如何？」班德對韻律感的描述，也和我的作品產生極大的共鳴。在那其中，絕對存有一種類似於對音樂的聆聽，引導著修訂的過程。它非常準確地描述了這一階段創作的細微差別，以及當你想重新審視之前創作出的文字材料時，要如何面對已存在的不確定性。

我問班德是否將修訂視為一種「增加層次」（layering）——一種建立於先前文本上的新的文

字想像。「是的，那是一座具備感官世界、記憶世界與語言世界的建築，所有的事物都將進到這裡來。」她回到故事的韻律感，並進一步描述「敏銳地聆聽」如何幫助自己在「增加層次」中找到方向。

「韻律感在這方面很重要，如果感到混亂的時候，也可能需要精減層次的處理。在這個階段，最重要的是，讀者如何消化資訊和內容。那麼我自己是怎麼消化的呢？我是否感到太倉促突兀呢？我有覺得被過多的資訊轟炸嗎？在閱讀的時候，我是如何經歷這些過程呢？」

最後，我和她一起討論我對改編的看法，因為當她分享時，我突然意識到，這與修訂有所關聯。在思考改編時，我發現，修訂第一手文本和從頭開始寫小說的過程一樣，都會進入某種未知狀態。

透過查理．考夫曼的例子可以清楚看見，改編也是一種進入未知的旅程，一趟求知而行的旅程。修訂文章也許是相同的道理。當你創造出最初的文本，然後透過修訂再創造第二篇、第三篇，每一次都是再發現的旅程，透過一連串的修改行動獲取知曉。一如首次發展文本那樣，可能修訂就是找到新的切入點進入未知的世界，一個不同於第一篇的切入點。

這種對比似乎引起班德的共鳴：「我認為這是非常巧妙的類比，而且很多事情都連在一塊兒。當我們修訂時，有些原始文本中粗糙、尚未完善的部分，會透過改編和修正來落實它。此外，在進行改編工作時，你必須將文本變得原始，才能開始，對嗎？如果故事已經過於完整，也就沒有理由改編了吧？我認為，改編者對待原始的文本，就像在修訂小說一樣。」

只不過，我採訪過的許多作家，似乎都將修訂和失敗的風險連結在一起。在某些層面上，寫作者在創作初期，總是能夠感覺某種實質性的、重要的事物會浮現出來；但是只要再次檢閱，有時作品看起來並沒有最初想像中完美。

迪．普利斯科對我說：「我的電腦裡有些未完成的書。有些才剛剛起頭，也許會發展出幾百頁的故事，但是我已經對它失去興趣。這種心情實在難以啟齒，但它是真實的。」

「為什麼會難以啟齒？」我問他。

「我真的投注過許多心力，但怎麼會失敗呢？起初我確實有一些靈感，是我自己把故事給搞砸了。」

史登也從不同的角度談到失敗：「當人們說，他們『喜歡寫作，但不喜歡修訂』的時候，我總是感到懷疑。對我而言，它們是一樣的。起初，你在一片虛無中修訂。你只需要從某處出發。如果我允許自己在寫完一句話後，能讓自己思考：好像哪裡怪怪的，讓我回頭修改看看。對我而言，寫作就是這樣由一連串的失敗所組成，直到我終於獲得一些東西。」

史登更進一步解釋，如同所有的創作過程，修訂從來不會是完善的，也就是說，他的作品永遠都會是失敗的。他永遠不能百分之百地說出全部的事情。他援用蘭納莉．歐康納（Flannery O'Connor）的想法，他認為，自己的興趣最終在於闡明一些無法用言語表達出來的事物。

「為了這個目的，我希望我的作品會比我本人能說出的還要多。我並不認為不完善的東西是不好的，但我確實覺得它是一種失敗。我知道如何追求事物並獲取一部分的內容，但並無法全然捕捉。我從來沒有抵達，也無法真正地抵達，因此在感受上，就像是註定會失敗一樣，因為我總會回到原本的地方，繼續朝某個方向前進。我從未真正完成，只是盡我所能的推進，觸碰到一個極限而已。」

聽著史登分享，我想到威斯坦·休·奧登（W.H. Auden）對瓦勒里（Valéry）的著名詮釋：「一首詩永遠不會完成，它只是被放棄而已。」最終，修訂包含「創作必須停歇」，其中更不乏失敗的時刻，或者用本書的語言來說——面對所知的有限性時刻。

那麼作品怎樣才算完成呢？對史登而言，當他相信作品無法再進一步推進時，就是完成的時候；但是對班德而言，當她覺得已經用盡語言表達／捕捉情感的時候，就是作品完成了。班德說：「當我已經用盡全力清楚地表達感受，那麼它就被完成了。我曾經說過，寫作就像是個生態瓶，我只是盡力捕捉鮮活的事物，那就是我能做到的事。我想要捕捉一些有生命力的事物（只要我覺得它還有生命力），只要我感覺足夠了，那麼我覺得就完成了。除此之外，我還能做什麼呢？」

作品完成與否的討論，使我想起羅蘭·巴特（Roland Barthes）對小說寫作的思考，與我談話過的寫作者和藝術家提出的想法，美好地結合在一起。

在《語言的沙響》（*The Rustle of Language*）一書中，巴特指出，小說是一種能夠產生「真實情感」（the truth of affects）的創作語言。他將注意力從成果轉移到實踐——即創作本身。「在這裡，我重新獲得一種方法，將自己置於『創作』的主體位置，而非單純地『談論』事物的主體；我並不是在研究一件作品，而是在推斷一件作品……對我來說，世界不再只是一個物體，而是一種寫作，也是一種實踐：我進入另一種知識領域……我提出假設並試圖探索，最後發現，一連串豐富的事物將接踵而至……」(25)

我們進入未知，我們創作，發揮我們的創造力以獲取另一種新的知識。創意的靈光總是永無休止，創作永遠不會完成（要繼續創作，永遠是可以想像及可能實現的）。創作只會停在一個地方，當它來到，作家準備好要分享，並為他人創造更進一步的創作時刻——即閱讀本身。

三

掌握素材——從未知中尋找規則

> 「有時候，我只是想用鉛筆在紙上隨意畫出線條、色調、形狀，並沒有任何想要解決的問題；但是當頭腦接收到產出的事物時，便會開始覺察、漸漸清晰，最後引導和控制便開始占據主導位置。」——亨利・摩爾（Henry Moore）[1]

> 「我不知道我正在做什麼，這才讓事情變得有趣。」——菲利普・葛拉斯（Philip Glass）[2]

> 「讓我們在不明白中變得更好吧！」——迪恩・楊（Dean Young）[3]

創作的材料揭示了什麼？藝術家又是如何與材料互動？或者更廣泛地說，如何開啟通往可能性和發現的途徑？

湯姆・史登表示自己靠著「移動字詞」（moves words around）來找尋方向和意義，但如果是畫家、裝置藝術家、劇場藝術家、音樂家和插畫家呢？他們在創作過程中，「移動」的又是什麼？目的又是什麼？藝術家總是透過把玩素材，來找尋創作的道路，感受作品各種面向與細微之處，最終才知曉自己被引領至何方。黏土的質地、畫布的表面、顏料的厚度、鏡頭的光線、表演的空間——這些都是通往未知的具體道路，也是了解作品可能性的大門。

二〇一七年的十一月，我有幸和藝術家安・漢彌爾頓在她位於俄亥俄州哥倫布城的工作室共度一天。漢彌爾頓是最初幫助我理解「求知而行」的少數幾個人之一，她透過她的裝置作品、寫作，以及豐富的採訪和閱讀來實踐這一點，我發現我們在創意思考這一點上志同道合。

漢彌爾頓的思索與行動使我獲益良多，最好的例子就是她那篇精巧的藝術論述〈未知曉，先行動〉（*Making Not Knowing*），改編漢彌爾頓在二〇〇五年於芝加哥藝術學院畢業典禮上的演講。她在文章中提及行動與知曉的關聯性，與她自己的寫作過程高度相關：「倘若一個人知道明確的方向，那麼他將不會抵達目的地，因為在藝術的領域中，一切皆是無中生有。」(4)

漢彌爾頓二〇一五年十一月十九日在和克莉絲塔・蒂皮特（Krista Tippett）的〈On Being〉播客對談中，進一步闡述她的想法：「當你在創作時，會有很長一段時間都不知道它是什麼。也因此，你必須要培養出自己的領域，使自己在裡頭能夠信任一切無以名狀的事物……倘若你因為感到不安，或是有人來質疑自己，或是必須要知道那是什麼東西，進而將嘗試看明白的事物給捨棄……那麼，你將如何培育自己的空間，使自己安住其中，接受一切的未知？」(5)

對漢彌爾頓而言，以特定方法「培育未知的空間」是一種準備，也是她與創作素材的重要對話方式。她對於紀律性的「未知」將如何打開腦袋和心靈，非常感興趣，那是一種有意識的行動（也是一種創造），並且能夠帶來「辨明」。

我也向藝術家兼設計師蕾貝卡・曼德斯提出相同的問題：創作會引領自己「發現驚喜」或是

「辨明」呢？曼德斯毫不猶豫地回答（且帶著與漢彌爾頓相同的熱情），認為創作的歷程就像一段「美好的辨明之路」。對此，她和漢彌爾頓一樣，都是經過深思熟慮的，甚至曼德斯用「返璞歸真」（unlearn）來形容自己的創作之旅。

「我發現，每當我想要尋求創意時，我有限的知識便會變成一種障礙。當我真心投入某件事情（或是對某種想法、主題有感覺時），我會讓自己像個初學者一樣充滿好奇心；倘若我假裝自己知曉一切，事情將因為我的認知而有所限制。我所追求的是初學者的心態，就像個孩子一樣，對材料充滿好奇心和想像力。如此一來，我將與它們成為朋友。」

「你認為初學者的心態，是達到『辨明』的必要準備嗎？」

「我認為是的。否則我就只是在加深我所知道的信念，以為自己知曉一切，一直都是具有破壞性的；你必須從現在開始反思，對重要的事物反思，對自己的處境反思——這將會帶來一個與過往數十年的自己所理解的完全不同的事物。我喜歡法國哲學家德勒茲（Gilles Deleuze）所說的：每一個真理都立於特定的座標，及其必要的時間、地點和條件。對我來說，我認為這種『不明白』和『反璞歸真』的想法，能讓我獲得感知洞察力，因為我是感知的掠奪者。但我同時必須對當前的事物保持開放和接受，而非用舊時的知識強加過濾它。」

「為什麼你認為這就是辨明？」

「你必須記得生活是什麼，」她說，「我們具有人類天生的吸收能力，我們的生命就是不斷地吸收、吸收、再吸收，是有限的自我意識、定義與規則，讓我們無法真正探索生命中搜集而來的事物……是的，這就是辨明！」

「發現驚喜」和「辨明」都是「求知而行」過程中的關鍵因素，代表了未知的創意領域中不同類型的創作者。「發現驚喜」（Surprise）是一種突如其來的感受，一種不可預視的驚奇，這個字的詞源與法文的「驚喜」（surprendre）有關，結合了「超越」（sur-）和「拿取」（prendre）；同時也與拉丁文中的「驚喜」（superprehendre）有關，而驚喜一字源自於「捕獲」（prendere），捕獲又源自於「抓取」（prehendre）。換句話說，我們都在驚喜中被捕獲、被接管。

相對地，當我們「辨明」時，我們會先直覺地辨識曾經看過、聽過、知曉，或相類似事物的感覺——或相同的回聲。這個概念與始料未及的「發現驚喜」是完全不同的。

「辨明」的其中一種解釋是「接納」，闡明了求知而行的另外一項要素，也就是我們「接納」了創作所提供的事物。「辨明」（Recognition）在字詞上的意義是「再次明白」、「回想」、「知曉」、「辨認」，在古老的法文中稱之為「認識」（reconoistre）。然而，在拉丁文中卻有著細微卻重要的差異：「回顧」（recognoscere）是「再次」（re-）和「知曉」（cognoscere）的組成。換句話說，我們有機會經由辨明「再次知曉」，或是回想起它們。

我認為史登是感到「驚喜」的，因為他發現書中的男主角竟懷著自己的兄弟，而他是寫了好多頁以後才發現這個驚喜。一旦驚喜被史登發現了，那麼它將接管整個故事。另一方面，漢彌爾頓則發展出一種「回應實踐」（practice of responsiveness），這與素材的運用、面對空間、觸摸、形塑和重新凝視有關。她告訴我一個案例，是她在二〇一二年於紐約公園大道軍械庫（Park Avenue Armory）所展出的著名裝置作品《一線之事》（*the event of a thread*）。

「我記得當時我們在進行軍械庫的專案工作時，有一次，現場協助的是出色的戲院工程師馬棣（Marty），他開車經過演習大廳盡頭的卸貨碼頭，而我正巧從另外一側的門內走出來。那是我頭一次從這個角度看到萊辛頓大道（Lexington Avenue）的景色。當時離開幕還有兩週，我們正處於一陣慌亂之中，我卻突然冒出一個念頭：『喔，原來這就是我們要的。』我知道有某個重要的元素在那個空間的盡頭，我直覺感到那是對的，但是還沒有在正確的位置上。當馬棣開車過去的那一刻，我頓時明

安．漢彌爾頓的裝置作品《一線之事》，由紐約公園大道軍械庫委託製作，展期為 2012/12/5~2013/1/6。

白了我需要的是那條「光軸」（spine of light），那就是辨明的瞬間。」漢彌爾頓話語巧妙一轉：「這就是過程的一部分，你如何明白『你不知道自己其實已經知道』的事物。」而那正是在辨識之中獲得認識。

與空間素材的互動

安．漢彌爾頓與空間的互動關係，就像是畫家和畫布、雕塑家和金屬線、設計師和字型排版的關係，所發展出的空間是她作品的基礎「材料」。她告訴我：「我經常思考如何建構空間。」她並提供幾個案例（從芝加哥大學那座非比尋常的禮堂到中國的一間小歌劇院），以顯示她對空間的熱愛。她談到自己如何「感受」空間，認為必須身處現場才能產生共鳴（儘管並沒有任何理論的基礎）。

「我必須讓空間參與到遊戲中來，必須讓自己的身體步入其中，這是我所知的唯一方法，就是走進去，不斷地走。空間究竟傳達了什麼訊息？我必須日日夜夜待在那兒，不斷改變和調整姿態以回應它——因為這樣你才能知曉它，透過行動去知曉它。」

漢彌爾頓進入一個既有的空間——一個最初並非由她創造的宇宙——但她卻能夠透過她的創作和在其中擺放一些東西等方式，從而獲得對這個空間理解認知的可能。她謹慎地揀取用詞：「要如何建造一個方便遊走的結構？對我而言，就是空間……當你放一塊布料在地上，你可能會思考：『這可以是什麼？它會是紙嗎？是個方形嗎？是白色的嗎？』然後你會明白，當自己問這些看似簡單、愚蠢的問題時，實際上什麼都不知道。」

我們從小細節就可看出她的作品充滿趣味，「不對，不是那樣，不對，應該是這樣。這些微小的事情，你都要去思考它可能的模樣。再小的東西，也有它的重要性。每一次你做出決定時，你都必須要意識到自己有很多的選擇，而不是假設它必須是某種東西，甚至大部分的時間你都沒有意識到，自己的推測和判斷，只是把自己放在足以回應的位置上。」

聽到漢彌爾頓透過「在地板上放置一塊布」來定義空間時，我想起自己在劇院工作的經歷：當人或物件進入空間時，戲劇的瞬間就自然地發生了。

漢彌爾頓的作品在許多方面都令我留下戲劇一般的印象，這一點，在我們的談話中也得到了她本人的證實。我告訴她，一塊布的例子讓我想起英國劇場導演彼得・布魯克（Peter Brook）的作品，和他「空的空間」（the empty space），這個帶有未知的概念，本身就會產生戲劇的可能性。布魯克在一九六〇年代寫下：「我能把任何空無一物的場域，都稱作空白的舞台。一個人在他者的凝視下穿越空白的空間，正是戲劇表演所需要具備的要素。」(6)

布魯克提出的這一概念不僅與「求知而行」，也與「從不確定和『空白』（或未知）中尋求某種發現」的概念完全相通，也與漢彌爾頓對空間材料所做的準備相關。用她的話來說，我們是為了探索、辨明而「培養」它們。

漢彌爾頓和布魯克之間的關聯，以及他們與空間素材間的連結，發人深省、值得分析。漢彌爾頓在空間中放置布料促使創作的啟動，與約翰·海爾彭（John Heilpern）在《群鳥會》（*Conference of the Birds*）書中描述的故事相呼應。這本書寫的是布魯克和他的團隊在一九七〇年代穿越撒哈拉沙漠和奈及利亞叢林的旅程，劇團在各個地方為不同的觀眾演出。他們就地打造表演的空間，經常只是鋪上一面地毯（放置一塊布）作為表演場域，或在沙漠中圍出一塊圓圈方便即興演出。一切重點在於「求知而行」，展現空間的材料間互動的潛力，以及即興發揮。

在這趟非洲之旅中，海爾彭所描繪的《鞋展》（*The Shoe Show*）正是運用空間來發展和探索的有趣案例：

> 一雙鞋子（一雙屬於演員的靴子）被放在圓圈的中心。它們是一雙魔法鞋，可以把國王變成奴隸，把老人變成小孩，或是讓獨腳的人變出一雙腳。(7)

1973 年，彼得·布魯克（中間者）與演員組成的國際劇團在非洲旅行的即興演出，其中包含英國女演員海倫·米蘭（Helen Mirren，右者）。（攝影：瑪莉·埃倫·馬克 Mary Ellen Mark）

地面上的一塊布，沙漠中圓圈內的一雙鞋，都是進入未知世界的一道門。它們是空間的啟動者，是劇場的起始點，是一段即興創作，是一組裝置，也是一種魔法。它們引領觀眾「辨明」圓圈中（被定義的空間）可能包含的事物——一個等待被說出來的故事。布魯克希望探索表演的元素，他稱作「當下劇場」（the immediate theatre）。同樣地，漢彌爾頓深掘「回應場域」（a responsive place）的可能性，她如此宣稱：「問題會產生更多的問題，這就是你所擁有的一切。」（8）

時間素材的涉入

我很欣賞洛杉磯裝置藝術家埃德加·阿爾塞諾（Edgar Arceneaux）的作品，以及他所提出的深刻文化與歷史問題。他的創作歷程強調時間的涉入，讓我想起安·漢彌爾頓對空間的探討——阿爾塞諾的作品編織時間，就像漢彌爾頓對待空間一樣。他告訴我：「我喜歡歷史的一部分原因是，它們會在時間中生出不同的迴響。因為在創作過程中，我能夠擺脫潛意識中的某些東西，在當下以實質的語言表現出來。」

我在二〇一七年欣賞到阿爾塞諾的作品《直到、直到、直到……》（*Until, Until, Until……*）。這個作品既是裝置藝術，又像電影創作，有時還像是一場戲劇表演。這部作品圍繞著，演員班·

維林（Ben Vereen）在一九八一年雷根總統（Ronald Reagan）就職晚宴上，被民眾嚴重誤會的塗黑臉（blackface）演出，進行重新演繹。(9)

事實上，維林在就職晚宴表演的最後，解釋了他對「黑臉走唱秀」（minstrel show）的歷史批判，但是這段內容在播出時被剪掉了。換句話說，電視機前的觀眾所看到的，僅是「被刻意安排過的」塗黑臉表演，完全沒有維林的批判內容，看起來就像一位非裔藝術家對此文化的荒誕的降伏（或者更糟）。對此維林深感難堪，最後會引起美國非裔社群的憤怒，也毫不意外。

《直到、直到、直到……》以及阿爾塞諾的許多作品，在各種方面都引起我的興趣，尤其是他對時間的經驗叩問，以及與當前的感知之間的關係。「當你將自己視為更寬廣的連續體的一部分，」阿爾塞諾對我說，「然後你會以不同的方式在創作中運用這種認識。」

阿爾塞諾在《直到、直到、直到……》中有意識地

埃德加・阿爾塞諾的作品《你看班，你看班》（*Looing at Ben, Looking at Ben*），2015 年至 2020 年。照片為演出計畫〈直到、直到、直到……〉。

利用了時間的層次。首先，當代的觀眾能夠即時觀賞班・維林的演出片段；在關鍵時刻，觀眾還能同步看見一九八一年電視機前的觀眾，看著維林滿臉塗黑，向二十世紀早期雜耍表演者伯特・威廉斯（Bert Williams）致敬。此時，時間的迴響出現了——當代和一九八一年的黑臉雜耍表演相互對照，阿爾塞諾透過精準的安排，刻畫出時間的輪廓。

身處多層次時間的觀眾觀賞體驗，一直都是阿爾塞諾的作品核心。這些層次是他的創作過程逐步形成的，但他抵達這一核心的歷程，他辨明的時刻，是透過那些「幸福的意外」實現的。從我們的角度看來，這些「幸福的意外」卻是一連串的創意進程——淋浴的時刻，開車的時刻，做夢的時刻。它們都是準備去知曉的狀態，就像是安・漢彌爾頓透過看似隨機打開的碼頭門，辨明出光軸在空間中的必要性。

阿爾塞諾接著向我講述「幸福的意外」的故事：

「我們仍在製作節目和劇本。雖然我們尚未啟動初次的排練，但我仍受到長灘城市學院（Long Beach Community College）的邀請前往演講。當演講進入尾聲時，我告訴聽眾，我正在進行這項作品，但不知道結果會是如何。我當時非常焦慮，沒來由地問他們：『實際上，我有維林十分鐘完整的表演影片，你們會想看嗎？』

「於是，我將影片播放出來。這是我第一次和一群人一起觀看。我坐在一旁觀看著他們觀賞，看見一位坐在我旁邊的女人正在哭泣。這時我才理解到，一切都是關於『觀眾』，也就是觀看與被觀看。伴隨著這樣的理解，我驅車回家，坐在車道上把一切勾勒出來——這是關於觀眾的，是關於觀眾的！唯有透過這次的經驗，我才能找到，如何讓觀眾從一個觀賞者變成參與者。」

最終，隨著時間的推移，觀眾的參與賦予了這個作品意義，這是在創作過程中才浮現出來的。

阿爾塞諾告訴我，他的一項由藝術家推動社區再開發的「華茲之家計畫」（Watts House Project），其實是「偽裝成社區計畫的藝術作品」、「更高層次的社區發展的裝置藝術」。

再一次地，藝術家透過時間的提問來啟動：「參與像是華茲這樣被歷史邊緣化的社區再造，你必須要問：『為什麼社區看起來是現在這樣？雖然開車十分鐘就能找到相似的社區，但是，是什麼原因形成華茲社區的現況？』也許你會想到時間的影響，就會發現，當前的環境與五十年前的決定有關。」

這些關於時間的問題，都是透過他的行動觸發，特別是阿爾塞諾遇見知名的華滋塔（Watts Towers）（只和他的計畫相距一條街），並與它產生連結。華滋塔是

埃德加．阿爾塞諾的「華茲之家計畫」，該計畫的房舍在知名的華滋塔對街，於2008年由計畫工作者進行花飾妝點。

「華茲之家計畫」的開幕活動。

由西蒙・羅迪亞打造的華滋塔，座落在洛杉磯南區的華滋社區，設計成兩座鋼製的高塔，外觀則用馬賽克拼貼裝飾，由羅迪亞於 1921 年至 1954 年親自建造。

由義大利移民西蒙・羅迪亞（Simon Rodia）在自家的後院耗時三十三年建成，最後成為該社區的標誌物，是這個區域的指標性建築，具有時間意義的紀念碑。「我認為羅迪亞建造了二十世紀最重要的雕塑作品之一。」阿爾塞諾說。

阿爾塞諾和塔樓的相遇觸發了一個過程，而這個建築最終演變成一個富有戲劇性的裝置，成為見證他轉變與重新開發的時間裝置藝術。建築師法蘭克・蓋瑞（Frank Gehry）曾在採訪中指出（這段對話會在本書第四章再提到），創作過程涉及與時間的材料進行互動，這意味著需要與過去的建築和結構進行深入且重要的對話。隨著作品進一步發展，這些對話將激發出新層次意義。換言之，求知而行的過程也是一種對話的過程。

阿爾塞諾解釋：「當你在創作某項事物時，你會進入一種創意的空間，與跟自己有連結的事物進行對話。它會告訴你想要成為的樣子，儘管有時會和自己原本的想法完全不一樣。它希望呈現高對比嗎？希望透明度高嗎？需要頓點和留白嗎？或者需要更寬廣的尺度？它應該被分解拆散，還是維持一套連續性的體驗呢？一旦開始思索這些事情，你的思想便處於自由之地——這些素材只會在創作的過程中具體顯現出來。透過這樣的行動，它會開始出現一些幾何形狀，最後慢慢成形。」

繪畫素材的共同參與

「通過實際操作材料，你會獲得一些難以用言語表達的知識。」——妮提庫・寧庫拉特（Nithikul Nimkulrat）(10)

「大多數時候，創作和素材也會回饋給設計者，從而達成共同的發現。」——羅珊・薩默森(11)

安・漢彌爾頓對空間的關注，以及埃德加・阿爾塞諾對時間的關注，在某些方面，與畫家如何思考他們的材料非常相似。當我採訪藝術家史帝芬・畢爾（Stephen Beal）時，他告訴我自己是如何與阿爾塞諾的創作語言產生共鳴：「對我而言，每個人談到重複或失敗的概念，其實都是和創作素材對話的過程。倘若你不去實際創作，就永遠無法獲得理解。」

他認為，素材的運用就是，讓他在繪畫創作時，進入未知的切入點：「那並不是某種創作想法，而是對素材的敏銳度與連結

史帝芬・畢爾在自己的工作室。「每一種素材都有自己的性格，等待著你去挖掘。對我而言，創作的過程就是共同參與……」

的一部分。」這種直接的連結，使他創作充滿活力：「每一種素材都有自己的性格，等待著你去挖掘。對我而言，創作的過程就是共同參與，無論和我一起創作的是木頭還是油墨，從支架的製作到畫布、亞麻的的準備，都是重要的一部分。」

他指著工作室牆上的畫作：「這些畫作在亞麻布和其紋理上都有獨特之處。我對使用的材料特性非常敏感，我曾經創作了一系列僅用圓點組成的作品。這是我開始研究『顏料在不同材料上呈現的效果』的架構。」

插畫家安．菲爾德（Ann Field）在稍後會提及的對話中，談及如何和素材相處時，也提到類似的概念：「我喜歡所有的材料，並對其內在的、直接的特質有所感覺。無論它們是什麼。尤其是觸感，透過施加在筆刷、粉筆、畫筆和墨汁的壓力，我一定要聽見聲音、一定要聞到氣味，我必須這麼做。」

畢爾提到藝術家艾格尼絲．瑪丁（Agnes Martin），他告訴我，瑪丁會用十二英吋的尺在六英呎的畫布上作畫：「她一次只畫十二英吋，透過炭筆的走向和畫布紋理，賦予線條生命——即使基本上你必須理解，這段走筆和紋理的互動，對於她『如何思考繪畫』有多麼重要。」

畢爾對瑪丁的觀察也可以解釋「求知而行」的意義。當一位藝術家和創作的素材相處時，走筆、紋理、畫布、短尺，這些都是創作中不斷運動、流動的素材，並經由創造的過程推移，將這些素材組合起來形成作品。這是人與素材的美妙結合，驅動了作品的能量。這就是發現，是只有透過創作過程才得以顯現的知曉。

畢爾談到自己與素材的關係，如何從根本上改變了他對時間和空間的感知。對他而言，人與素材的動態成為主導創意發展的環境背景，而且是全方位的。他說：「創作改變了我的時間感。當我投入創作的時候，我和身體的關係就不同了。繪畫需要一種特別的注意力，也就是視覺注意力，這會使時間慢下來，從而改變我對時間的認知。」

創作也改變他的空間感：「繪畫就是圖象的遊戲，我在裡頭不斷變換自己對空間的感知，而這種轉換經驗是創作的核心關鍵。一切關乎於我如何更動素材，以及畫中的空間如何因此改變。」用漢彌爾頓的話來說，畢爾是「在作品的空間中遊走」，以保持活躍地探索。「我和繪畫的互動永遠不會停止。」畢爾說，「有時候我會將它暫時擱置，感覺它可能已經足夠或是需要停下來。然而兩三天（或者一週、三個月）以後，我再回頭看，發現它依然往前了。我使用素材做了一些事、發現一些東西，我甚至認為它已經完成，但第二天早上還是會有新的發現。」

畢爾再次進入創作的空間與素材互動：「這一切都與我對實體材料的反應有關。我無法僅透過想像來修正繪畫作品，像是『我要在這邊加上一筆粉紅色的線條，讓綠色看起來更鮮明』。不真正去做的話，我永遠不會知道它們的反應和成效，這就是創作反覆的過程。」

愛麗莎・米德（Alexa Meade）是一位洛杉磯的藝術家，她用顏料在自己創作的主題——人體及周遭的各種物體身上——畫上它們的肖像，為素材的邂逅與探索提供了有趣的角度。「所有的一切，」她在二〇一三年的TED演說中解釋：「包括人體、服裝、椅子、牆面，全部都被顏料覆蓋，模仿它底下的事物。透過這種方式，我能夠使三維場景看起來像是二維畫作。」(12)

米德講述自己對陰影的迷戀，以及翻玩顏料與光線的渴望，促使她開始在朋友的身上繪畫。她談到自己最初有個對人體繪畫的「預想」，但在實際創作的過程中，透過人體和畫筆的互動，成果逐漸

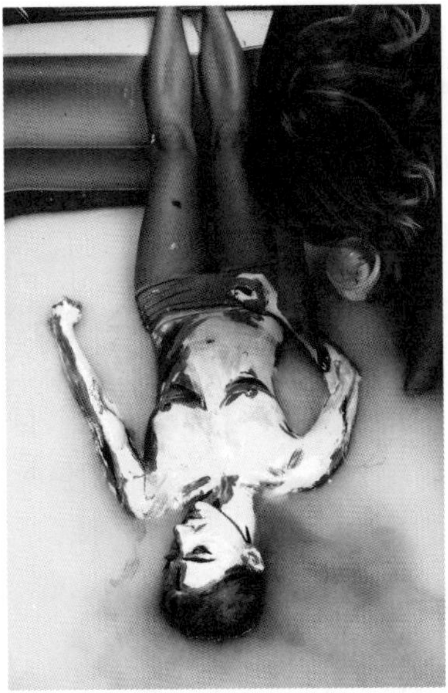

愛麗莎・米德和希拉・凡合作的作品《躊躇（幕後）》（*Hesitate BTS*）（2012）

愛麗莎・米德的作品《提案：當我們穿越馬路》。她在人體上作畫，作品意外轉化成二維的世界。

變得跟原先預想的不太一樣。

就像畢爾面對空間的變化一樣，米德意識到，她在不經意間，將三維世界轉化為二維世界。「有東西一直在我的眼前搖曳閃爍，我不太確定我所注視的物件是什麼。當我決定退一步觀看時，神奇的事情發生了，我把我的朋友變成了一幅畫。在我想要畫出陰影時，並沒有預期最終會產生出另一個全新的維度……」

米德對材料的試驗是經過深思熟慮的，代表她為進入一個空間與光影的未知世界所做的努力。米德說：「我並不想透過模仿古代大師，或是在畫布上一遍又一遍地臨摹來學習繪畫。」

早期她也曾經實驗過在炸物、水果或吐司上作畫。但最終，在人體上作畫成為她的重要創作活動——米德甚至與演員兼表演藝術家希拉・凡（Sheila Vand）合作，在牛奶池中為她繪畫，產生超乎預期的奇特影象。米德的創作經常與特殊、不常見的材料緊密關聯，從而揭示她從未預想過的維度幻覺。

行動幫助我們擺脫困境

「靈感是給業餘者的，我們僅是現身並開始工作。」——查克・克洛斯（Chuck Close）(13)

對於畫家湯姆・奈契特爾（Tom Knechtel）來說，發現是通過「探索充滿未知的道路」而來的。他引用作家路易斯・卡洛爾（Lewis Carroll）的故事來回應安・漢彌爾頓所標舉的「鬆綁意圖以向前邁進」。他興致高昂地和我分享：「談到未知的隱喻，我最喜歡路易斯・卡洛爾《愛麗絲鏡中奇遇》（*Through the Looking-Glass*）的故事。當愛麗絲進入鏡子世界時，她看見屋子外頭有座美麗的花園。愛麗絲試著往花園的方向移動，但是腳下的步道卻開始扭曲——她越是選擇明顯的道路，她就離想去的地方越遠。最後，她決定放棄了。當愛麗絲準備離開花園時，她卻發現自己離花園的中心越來越近。」

奈契特爾想起一件關於藝術家查克・克洛斯的軼事，可以和愛麗絲的故事相呼應。克洛斯曾經在紀錄片《查克・克洛斯：進行中的肖像》（*Chuck Close: A Portrait in Progress*）中，談到他的職業生涯轉捩點。

當時他還只是一位年輕藝術家，十分尊敬前輩威廉・德・庫寧（Willem de Kooning），並認為自己畫得「比德・庫寧還要德・庫寧」[14]但就在某個時刻，他明白自己必須突破，找到自己的路。他給自己設定一個目標，要畫出和德・庫寧完全相反的畫作——一幅巨大、黑白寫實主義的裸女畫。就像是遠離花園卻反而走向它一樣，這一極端的轉變讓他找到自己的語彙，並且開始大量創作寫實主義的頭像繪畫。」

回顧自己的職業生涯，奈契特爾認為，創作上要找到通往「花園」的道路，常常是為了克服恐懼或窘迫的事物。雖然看起來像是往反方向前進（就像愛麗絲那樣），其實這些感受的連結正是突破自我、前往下一個階段的關鍵點：「我走進某項事物的中心，那是我從來不會進入的地方，不知何時我就已經在這裡，而這裡竟是我尋尋覓覓的去處。」

進入恐懼或窘迫的情境以直面自我焦慮的來源，對「求知而行」而言，是至關重要的要素。藝術家可能會在不同的創作期間，或是用一整個職涯來實踐它。特別是當創作者遭遇不可避免的低潮時，這種充滿勇氣的行動尤為重要。

奈契特爾就曾經談過，在職涯中必須面對創作的習慣，以及與之俱來的，在過度熟悉的環境中創作的風險。最重要的是，他必須透過行動來走出困境，擺脫停滯。奈契特爾回應：「這段過程會讓你驚訝地發現，自己是如何被建立起來的語言所綑綁，你只是一直重複同樣的事情，甚至不曾察覺。就像伍迪・艾倫（Woody Allen）談論情感關係的經典名言：『關係是一隻鯊魚，它必須持續地游動，否則就會死亡。』」

「習慣是藥性強烈的鎮定劑。」這是山姆・貝克特（Samuel Beckett）《等待果陀》（*Waiting for Godot*）的人物弗拉季米爾（Vladimir）所表達的觀點，想必大多數的創作者對此都有共鳴。但是，奈契特爾的經歷為我們展示，「求知而行」將如何幫助人們遠離習慣的癮（以及它致命的結果），並且與我們每天的創意生活具有深遠的相關性。這就是奈契特爾的故事。

奈契特爾告訴我：「我的想像力已經被掏空了，必須要找到其他的東西。」他嘗試開拓新的領域，努力工作了兩年，但是好壞參半。回想起來，他發現自己在接觸新事物的過程中，只是重構了自己使用的語言，並沒有改變語言所傳達的事物。就像是愛麗絲一樣，看起來像是朝著花園走去，實際上卻是遠離它：「我嘗試一系列從來沒有使用過的技術，還有從未探索過的素材。問題卻是，內容依舊是摔跤手、晚宴禮服、用後腿站立正在交談的動物一類的東西，還有畫一些不變的象徵性的符號，就和多年以來我做過的事情一樣。」

轉機以奇妙的方式出現了。奈契特爾在史丹佛大學的坎特藝術中心（Cantor Arts Center）偶然看到二十世紀初德國藝術家路易士·柯林斯（Lovis Corinth）的小型直刻法版畫（drypoint print）時，改變忽然就發生了。

「過去我對柯林斯一直不感興趣，他的作品對我而言太過學術了。然而，那一幅博物館的版畫所呈現的，是畫家直視鏡中的自己，而非低頭看著手上的作品，顯現出來的卻是一張被壓力擊垮

路易士·柯林斯的作品《自畫像》（1924），直刻法版畫，收藏於史丹佛大學的坎特藝術中心，由約翰·佛萊德（John Flather）和賈桂琳·茹絲（Jacqueline Roose）捐贈。

的臉。從那時候起，一切就彷彿動起來了。」

奈契特爾從來沒有創作過類似的作品，這和他藝術創作中的一切都不相同，並使他感到害怕：「我從來沒有寫生過，我討厭這件事情，那是我一直敬而遠之的領域。我認為寫生會附帶一種預期的道德負擔——彷彿就是要比依照相片作畫，以呈現出更好的狀態。我就不相信這件事情。」但是，真正使他焦慮的，是他必須去探索未知的世界。當他從朝思暮想的道路轉向以後，奈契特爾進入一直以來抗拒的世界，「而那顯然正是我所需要遵循的方向。」

不意外地，這段過程既艱辛又使人著迷。奈契特爾認為，自己努力不懈所創造出來的作品，品質並不穩定。「將近一年過後，我再回顧自己所創作的作品。兩幅巨大的繪畫，其中一幅還算可以，另外一幅簡直是個災難。因為我感覺自己又回到過往的習慣，雖然當時我並沒有發現。」然而這一段創作歷程，以及偶遇柯林斯的版畫，刺激他進入抗拒的領域，最終改變了自己的創作，讓奈契特爾朝更豐富而重要的方向前進。

當然，還有許多方法可以擺脫困境。除了遇見柯林斯的版畫這個關鍵時刻，奈契特爾也幾乎完全複述畢爾、阿爾塞諾和席爾特所講過的話：為了進入新領域，他必須和自己創作的對象進行對話。「當作品開始向我提出疑問，並且幫助我理解沒有接觸過的事物時，我感到非常興奮。」奈契特爾投入自身的作品，並且從中認識與思考。

「它真的對我有所回應，」奈契特爾聲稱，「我瞧著自己的作品，認知到我從未表現過的思維線索，進而發現作品和作品之間存在著相互的對話。」有趣的是，這些對話，成為他堅持創作的手段。

「當一件藝術作品向我回應時，最有趣的就是，它透露出某些我並不擅於處理的事物。而我可以回應它的方式，就是創作另外一個作品，來思考我不明白的部分。就像作家伯納德・庫珀（Bernard Cooper）在遇到陌生的事物時，他會說：『我不知道要配什麼食物來吃。』對我而言，這種含糊的狀態最具創造力，且適合展開新的創作。最棒的狀態是，我們賦予作品足夠的力量，使它能夠用自己的雙腳站立起來，對創作者說出意料之外的話——儘管它可能使你不安、使你恐懼，甚至挑戰你的觀點或是長久以來的嘗試。」

簡單的重複和練習，也可以幫助創作者擺脫困境。插畫家兼圖文記者溫蒂・麥克諾頓（Wendy MacNaughton）就向我講述，自己如何透過在咖啡廳畫咖啡杯來擺脫創作的撞牆期。「這是一種身體的練習，就像是維持馬達運轉一樣，得讓自己的雙手動起來才行。我先畫下桌上的咖啡杯，又畫了坐在桌子旁的人的側臉，接著畫出吧檯後面的咖啡師。隨後我的手就知道要往哪裡去，我的頭腦不再打結。僅僅是開始行動，我的想法便會陸續浮現，而雙手只是跟上它們而已。倘若我只是坐在位子上盯著牆壁，試圖

溫蒂・麥克諾頓的《辦公室時光》（Office Hours）

捕捉新的想法，我可能會先把自己的頭髮拔光。那樣子是不管用的，一切都是從行動開始。」

麥克諾頓總結「求知而行」對她的意義：「繪畫得從經驗出發。如果我透過想像來繪畫，那會是完全不同的實踐。但是我畫的是生活，如果我不在日常中打滾並透過雙手記錄下來（也就是繪畫），那麼我將會一無所有。」

她也承認，自己有過很多次被困住的經驗，唯一的解決辦法就是逼迫自己行動，像是去咖啡廳畫咖啡杯或強迫自己走入人群：「我站起來，走到街上，然後開始畫畫。對我而言，走出家門就是對從未想像的事物保持開放的心——不論是坐下來畫畫，保持手部運動，看看會發生什麼；或是出門找人談話，再將他們的身影畫下來；或者是改變方向，向右轉而不是向左轉。無論如何，我就是付諸行動，而意想不到的美麗事物將隨之而來。」

「漂浮在側的衛星」

藝術家兼插畫家艾絲特・珀爾・沃森將自己的創作過程和生活方式進行對照，將其視為不斷鬆綁困境的長久計畫。「我會為了追求某些事情，躍入未知的世界，比如有一次我決定搬遷到紐約，就只是為了嘗試新生活。雖然看起來很天真，但我只是想著先行動再說。我的創意也是如此，我不想要停留在原地被框架束縛，或是停留在舒適圈內，我希望能夠打破預期、拓寬界限。」

沃森將她的工作與生活，和達達主義的實踐進行了比較：「當你拍攝一張相片，剪碎它，拋到地板上，然後再從這些混亂中創造出一些東西——這就是一個系統化的過程。但它允許混亂和失敗，還有所有發生的一切。」

我們一起探討這個「系統化」是怎麼回事：是一項有組織的準則？一組框架？還是一種結構？我們腦中忽然浮現「星座」的想法，於是，沃森開始透過星象闡釋行動的寓意：「我僅是一顆四處漂浮的小小衛星，被撞離原本的軌道，或是允許自己偏離航道。」她的說法讓我想到愛麗絲。「我不斷地躲避碎片和星塵，對吸引我的力量感到好奇，對於自己將落於何處感到好奇。我只是在宇宙中四處旅行。」

儘管如此，她在旅行途中也持續留意因為慣性而停滯、困住的可能。「或許在某些時候，無論乘坐著什麼樣的交通工具都不再管用，那麼你就得嘗試其他的東西了——結構有時就是如此地局限。」

更重要的是，沃森補充了「背景」的問題對於「求知而行」的重要性。這段旅程不僅僅是關乎創作，創作的環境也同等重要，它必須是新鮮且充滿挑戰的：「當你在探索新的事物時，你被迫解決問題和搜索方向。一切都是新的，包含不同的路徑、不同的背景。你可能選對道路，也可能走錯了，它具有風險，你需要謹慎思考、仔細摸索，並解決問題。」

她再度以自己的生活為例告訴我們，她與她的先生馬克．陶德（Mark Todd，也是一位傑出的藝術家）如何再次為了擺脫慣性，刻意離開居住五年的紐約。他們朝北移動，定居在「什麼都沒有的」哥倫比亞小鎮根特（Ghent），遠離她所謂的紐約的「舒適圈」。她認為這次的搬家對自己的作品產生巨大的影響。

「出乎意料地，我開始畫一些具有諷刺意味的風景畫。以我們在許多古董商店看過的通俗的美國風景畫風格繪製。我們冒著風險移居異地，轉換自己的工作，新的事物便隨之來到我們的身邊。對我而言，這簡直就像是：計畫一場大火，燒掉自己陳舊的習慣，迎接新事物的生長——這麼說來，藝術家巴爾德薩里（Baldessari）也曾經焚燒一部分作品，來幫助自己重新開始。」她接著又告訴我，自己如何帶著家人四處進行公路旅行，只為了尋找新的地方創作，並且一次又一次地在新的地點，重複問著同樣的問題。

我問沃森，當她收到自稱紐約時報的來電，洽詢一項商業插畫案時，她有什麼反應？創作的過程會有不同嗎？

她向我解釋，通常客戶會有特定的需求，並且提供一些相關的描述與解說。但是就像小說家「經由寫作來探索」，沃森表示：「我只是拿出一疊陳舊的 Letter 尺寸的紙，開始在上面畫畫，畫下去就對了。我知道大部分的時候，最初的靈感往往都是垃圾，而我必定會經歷它們。在年輕時，失敗的過程經常使我擔憂，但是隨著時間過去，我的信心增加了。我知道今天結束前我將會獲得還不錯的東西，如果沒有，那就等到明天早上，我所能做的只是伴之入眠。最重要的事，還是必須要坐下來不斷地畫。如果這招不管用，那也沒關係，就把紙揉爛。說穿了，那也只是一張 Letter 尺寸的紙。」

學生也經常問她如何獲取靈感，她說：「我會告訴他們，我只是開始工作，透過繪畫的過程來找到它們。很多學生害怕開始創作，除非他們知道自己真正要做的是什麼，才敢動手，但我盡可能地教導他們，這種工作方式是不管用的。」「求知而行」的方法對沃森來說，在進行商業案子與個人創作時一樣活躍——她將自己投入素材和環境中，透過行動來知曉。

或許沃森對成品沒有預先的想像，但是她承認，自己經常思考作品要帶給觀者什麼樣的感受：「大部分的時候，我知道自己希望人們在觀看作品時有什麼樣的體驗，以及離開時會帶著什麼樣的感受。」

艾絲特・珀爾・沃森的作品《紅穀倉》（*Red Barn*），創作於紐約根特鎮居住時期。「這是工作室窗外的景色。」

然而她將這種感受與作品本身區隔開來：「我並不知道那個畫面具體是什麼，我必須透過研究和不斷地繪畫來找出它們。我必須持續地畫草稿，不斷地試錯，然後總有一刻我會感受到：『對，這就是我想要人們看到作品時能感受到的情感。』」

有趣的是，雖然這對沃森來說是熟悉的，但對奈契特爾這樣的藝術家來說，卻是全然陌生的。當我問他，在創作時是否有過「讓觀賞者感受到」的願景時，奈契特爾斬釘截鐵地回答：「完全沒有。」相反地，沃森和我的對談中，則鉅細靡遺地描繪，她在創作德克薩斯州的一場秀時，如何讓觀眾感受到特定歷史的陳跡：「我希望讓觀眾感受到逝去的回憶，譬如聞到古董車輛散熱不良的陳舊氣味，或是走入一幢非常古老的木屋。人們將透過這類的東西，察覺到已經消逝的事物——因為我所畫的是記憶。」

透過區分作品的未來想像，以及它將如何產生影響，沃森讓創意發展中所要探尋的問題變得更加複雜。

創作的衝動／求知的渴望

「靈感源自於持續不斷的『我不明白』。」——維斯瓦娃・辛波絲卡（Wisława Szymborska）(15)

知名的藝術家兼插畫家安・菲爾德從感受和直覺出發，與自己的作品連結。她透過內在的覺察，或是透過與一幅景色、一張相片、一幀美麗的圖象建立關係，藉此進入創作的狀態。儘管這種注意力敦促她開始創作，卻也引來不安的情緒。

「我感到自己一直受到牽引。」菲爾德告訴我，「它非常強大，如果我不跟著去做，便會感到沮喪和不安。它極具吸引力，充滿了磁力，看起來甚至像是別人的創意，而不是自己的想法。」

我問她：「當你察覺到這種吸引力時，會發生什麼事情？」

「我必須即刻開始創作，儘管它並非原先預期的計畫。」菲爾德說，「我會開始做一些嘗試，像是素描，或者繪畫。」

「下筆之前會有預想的畫面嗎？」我問。

「不是非常精確。肯定有某種印記，但不是很準確的那種。」她的結論像是呼應漢彌爾頓的觀點：「那是一種回應。」

「接著你將此回應視覺化？」

「沒有錯，我很清楚事情就是如此。它在某些方面困擾著我，因為那並不是令人愉快的事情，但是我就是得去做。我是被強迫的。」

菲爾德告訴我，雖然那個「吸引力」引導她進行創作，但有些時候，自己的「編輯思維」

（editorial mind）會突然出現，讓她校準創作的內容，或是「挽救」自己所做的事情。然後她會畫更多的東西，再校準，再畫，再校準。「日復一日地，你會看清楚自己應該做的事情，無論它將導致平衡或者失序。」

「當你終於找到自己的語彙時，使否感到驚訝呢？」

「不會，那並不是意外的驚喜，而是一種辨明。」

「這正是安·漢彌爾頓對我說的。」

「沒錯，辨明。就像是它一直都在那裡，但我必須要找到它，它才會出現。這並非偶然，我必須一步一步地靠近，才能夠發現它的蹤跡。有時我會覺得，這些都是既存的圖象與設計，若不付諸行動，我將永遠無法尋得它們。這是我在藝術上的看法。」

菲爾德以置身風景中所產生的感觸為例，說明她如何根據對特定世界的感受作出回應，感受那片森林的景致，並產生某種親近感：「林木是古老的生命，具有非凡的特質。但是要如何呈現它們所帶給我的這種內在的感受、親近感與彼此的連結呢？我能夠將其視為顏色、視為光線，或是單純的結構形式。然而最真實的，是身為個體的我對每一株樹木所產生的內在回應。美（這可能是我持續創

安·菲爾德的作品《藍頭髮》（*Blue Hair*）。「我的作品帶有一種卓然的姿態，幾乎像是呼吸一樣自然。」

作的唯一核心），我盼望自己的作品是美的，是被美驅動的。」

為了實現目的，菲爾德進行了一系列的研究，透過這些研究來繪畫，並試著找出一至二種可能合適的作品。「在我得出結果以前，或許嘗試了超過八十幅作品。無論它是否如實呈現樹木的模樣，都是一段推拉的過程——一部分可能會成功，一部分可能不會。」

透過內在感知與外在世界的連結與親近感，以及反覆進行的多次研究，來找到具有辨識度的形式，這些都只是菲爾德故事的一部分。其他還有音樂，還有肢體。對她而言，與創作素材相處就像是與之共舞一般。和沃森一樣，菲爾德她也反思過創作的環境，但有所不同的是：「音樂對我來說非常宏大、至關重要，而我必須不斷聆聽音樂。音樂和我表達生活的感受和樂趣息息相關，在我工作的時候，它一直陪伴著我，我像是指揮，像在舞蹈。」

透過菲爾德的敘述，我終於明白在她的作品中所看見的事物，以及她是個什麼樣的人——一位對外在世界與內在經驗產生深刻直覺與醒悟的優秀藝術家。她接著將音樂融入她的創作過程中，感受韻律與節奏，並在作品中找到這個節奏。這是一種只有在創作中才能顯現的特性，也只會發生在當下；那是在創造之中才會「知曉」的旋律。也因此，這就是當我們欣賞她的作品時，會感受到大量的音樂性和視覺的節奏感的充分證據。

「每一幅作品都有自己的旋律嗎？」我問她。

「對我而言，一幅完美的作品就是旋律。那是完美的比喻，太完美了。」

「那麼，在你創造的這個視覺上具有節奏和旋律感的世界中，肢體又扮演著什麼樣的角色呢？是一種舞蹈形式的創作過程嗎？」

「我用自己的身體來創作，比如站立、運用手勢等創作方式。」然後她透過詳細揭示這個創作過程的各個層面，把許多不同要素整合在一起。「我察覺自己的生活中有許多肢體動作。儘管我並沒有經常意識到它們，但是我知道，我必須在創作的過程中將所有的感官活化，才會有機會獲得成功。」

我繼續追問：「當你想像自己全然的投入時，它又是如何運作？在哪裡顯現？」

「我的作品帶有一種卓然的姿態，幾乎像是呼吸一樣自然，正如你所想的，是一種如舞蹈般的律動。為了讓繪畫的線條富含性格與魅力，我必須使其充滿活力（法國人是怎麼稱呼它的：生氣蓬勃〔Verve〕？）；而這件事情遠比單純的反叛吼叫或是原始的東西更明確。事實上，它們既受人控制，卻又自由奔放。」

在觀看菲爾德的作品時，我被她的才華和技術給撼動——優雅的作品感動了我，溫和的活力鼓舞了我。無論她如何達到那種認知——無論是透過對材料的參與，還是依靠音樂、舞蹈和直覺的支撐。

發現和創造（即知曉）都是在創作過程中實現的，這種過程賦予了原本未知的東西以具體的形式。至此，我的腦中再次浮現《仲夏夜之夢》的台詞，這正是一位「讓空洞的事物／有了姓名和現世的居所」的藝術家。

四

設計「尚未定案」的未來——遭遇問題與提出解決方案

「設計這件事的特性，是要透過創作或實踐來認識它，設計只在它被實例化、被展現出來的那一刻發生。」——普爾．比奇．奧爾森（Poul Bitsch Olsen）和洛娜．希頓（Lorna Heaton）(1)

「不確定性與設計工作這兩者之間，存在著一種獨特的關係，因為設計就是去探索那些尚未明朗的想法，假如我們想對設計有所了解，把這種關係弄清楚是很重要的。」——詹姆士．薛爾夫（James Self）(2)

在設計的世界裡，「求知而行」意味著什麼？假如一項企畫案的根本目的是解決問題，這時會出現什麼狀況？一旦把想像力發揮在構想新的未來、創造變革時，又會發生什麼事？直接為客戶或使用者設計產品時，會對創作過程產生什麼樣的影響？一般是怎麼透過感同身受的創作來認識事物的？這些問題都是在設計過程中產生的，它們為我們在進入未知和「求知而行」的體驗上，開啟了一個獨特的觀點。

為了真正理解設計創作背景下的「求知而行」的意義，我和各界人士進行過相關的交流探討：其中包括平面設計師、工業設計師、產品設計師、汽車設計師、家具設計師、互動設計師、社會影響設計師、建築師等，他們的故事引人入勝，他們的設計過程充滿活力且複雜，他們闡述自己具有啟發精神的創作工作，為「創作／理解」這個不斷變化發展的現象帶來了新的見解。

設計是為了解決問題

我所採訪過的設計師在提起他們的工作時，都認為它主要是為了解決問題(3)，這是他們思考和完成企畫案的基本方式。我們可以將這些設計師要解決問題的目標，看作是職業運動員想贏得比賽的目標——這是不言而喻的。我們可能會認為，設計過程即是開啟各種可能，或者是發明、制定、創造，甚至是發現。所有這些術語都是相關的，但都是為了解決問題，這就是這些設計師的工作，透過問題和解決方案的角度看世界，即能理解設計師是如何透過創作來認識世界的。

iPod 是一個常被引用，但現在已經有些過時的例子，它說明了如何將設計理解為解決問題的對策。從設計師的角度來看，iPod 的問世解決了大家想在公共場所聽音樂的「問題」，iPod 從第一代開始就非常方便攜帶，最後它變成了一個不過才一英寸大的正方形，而且可以貼在使用者的衣服上，讓人可以輕鬆帶著上千首歌曲，無論是公園、健身房、地鐵上，甚至在湖面上划獨木舟時，我們珍藏的每一首樂曲都能隨手可得。

iPod 這項企畫案無疑需要先進的工程和技術發明，但它的最終目的、它的「道理」、它的使用方法、它對大眾市場的效用、它的感覺和外觀，這些全部都是需要去找出解決方案的設計問題。

隨著時間過去以及科技日新月異，設計師在開發智慧型手機的過程中，找到了進一步解決多重設備問題的方法，智慧型手機很快就能整合最初 iPod 所有功能。

多年來，許多從事設計教育的人，一直試圖用這樣的描述來詮釋設計師的工作：「環顧四周，我們觸目所及的一切都是有人設計的，像是身上穿的衣服、寫字時需要用到的桌子、盛裝食物的盤子、手裡拿著的電話都是。每一件東西都是有人思考過它們的使用方式、要怎麼讓它們發揮最佳功能、它們的外觀和感受如何、它們最適合使用的材料、在製造生產它們時不可或缺的資源、它們對永續發展的影響等。這每一個要素都代表著需要解決的問題，而每一個問題都是設計師試圖解決的更大問題的其中一個環節——解決保護身體的問題（衣服），或解決需要用到檯面來進行工作的問題（桌子），或解決方便快速的通訊問題（智慧型手機）等。

我們來研究一下設計師安妮·伯迪克（Anne Burdick）在設計可口可樂瓶子時的考量吧。她從問題和解決方案的編排角度談起：

「比方說，我正在用黏土或 3D 列印（3D printing）技術打造出原型，在製造出這個原型的過程中，我會考慮它要怎麼樣裝進適合的包裝盒裡才方便運輸，或者它的手感如何。設計師在設計大規模生產的產品（尤其像可樂瓶這樣隨處可見的產品）上，要考慮的問題是多方面的，而且會出現多種後果：要是我再這樣多拉一點，會讓瓶子更胖一點，這樣一來，就會影響到一個運輸貨櫃能裝進多少瓶可樂；假如我把瓶子往另外一個方向推一下，它就會跟品牌形象差太遠了；或者，如果我朝這個方向再把瓶子稍微變化一點，它會更環保。」

設計過程中的每一個選擇，都會產生廣泛而複雜的連鎖反應，設計師不僅僅是「創造出一個形狀」或「讓某樣東西看起來蠻不錯的」——後者是大家對設計的基本工作最常產生的誤會。影響設計師設計工作的因素不勝枚舉，包括全球供應鏈、品牌形象、廢棄物管理，以及甚至股東利益等重大問題，都會產生嚴重而複雜的影響。

顧名思義，設計指的是透過創作來理解，正如設計師再三告訴我的那樣，設計是通過多次失敗來達到成功的途徑。它的本質是探索性的，旨在設計過程中帶來意想不到的發現，或促使客戶和設計師重新審視基本假設。

找出核心問題

平面設計師西恩．亞當斯（Sean Adams）講述了一則富有啟發性的故事，這則故事跟「如何解決問題」有關，是他為VH1電視網設計商標時發生的：「我做的第一件事就是觀察這家電視網，沒多久我發現到它不健全的地方，他們製作了亂七八糟的特別節目、不像樣的喜劇評論，還有重播不值錢的舊節目，他們並沒有集中關注在音樂上。我跟一群高階主管坐下來，試著了解他們對自己公司的看法。一開始，他們給我的答案是『我們是MTV頻道的姐妹電視網啊！』這種含糊的回答，充其量是藉著跟外界事物比較，來確定自己的身分識別。」

再加上亞當斯目睹那些低層次而且焦點模糊的節目，讓亞當斯清楚了解到，他需要解決的是更深層的問題，而這個問題則不僅是創作出一個商標而已，當務之急是解決「身分識別」這個根本問題。而這個正是設計師亞當斯所指出的問題所在：「VH1 的高階主管堅持認為他們只需要一個商標即可，彷彿這樣做，他們就能高枕無憂！我知道我可以幫他們設計出一個漂亮的商標，但那根本無濟於事。他們節目的收視率還是會持續低迷，我可能會因此變成箭靶子！我根本沒有解決問題！」

亞當斯為 VH1 提出了他希望他們解決的唯一問題：「你們是 VH1，你們擁有什麼可以拿來定義你們自己？」隨後，他們之間展開了一場對話。

正如亞當斯提到的，他們最後察覺到，「他們可以擁有美國流行音樂的歷史，而 MTV 頻道則做不到這一點！MTV 頻道講求的是新穎和年輕，VH1 則可以擁有經典。最終，這項發現成為打造出整個身分識別的基石，商標上最終出現了 VH1 的標誌。」亞當斯回憶說：「不過在這個標誌下面，寫著『音樂第一』（Music First），這是一個標記，它提醒大家，VH1 這家公司的根本目標就是要一心一意只在音樂這個核心任務上，不包括與核心使命無關的多餘節目。」

西恩．亞當斯，VH1 公司商標設計（1998）

這裡關於設計所帶來的影響非常重要。在這個案例中，設計身分識別系統的過程，最終是一個「發現和解決自我認識」以及「組織焦點問題」的過程，設計師幫 VH1 實現了這項工作，這對公司最後的成功來說是極為重要。VH1 接著又製作了《音樂背後》（*Behind the Music*）或《世紀音樂會》（*Concert of the Century*）等節目，以及與美國流行音樂史相關的節目。

亞當斯以清晰的表述總結了他工作的核心重點：「我們設計師要解決的問題是什麼？我們設計師真正要達到什麼目的？這些都是需要解決的問題，而不是只求膚淺地給一家公司披上形象的外衣而已。」

研究即創作

要了解需要解決什麼問題，至少有一部分是透過設計研究的過程來理解的。但是，本書採訪的設計師並不認為，研究和發現問題之間存在著簡單的因果關係，至少在設計研究過程的核心上不是這樣。此外，設計師很少把「研究」看作是工作後期積極參與創作的前奏。研究——以及知道要解決的問題——是創作的一部分，研究是不斷發展的、有創造性的，研究是一項涵蓋多方面的活動，包括有關文化背景、市場需求、技術可能性、使用者體驗、經濟環境、預算限制、監管環境、材料可能性等方面的生成式問題。

設計的研究過程是細緻入微而且非線性的，研究所產生的想法往往會激發進一步的研究，改變先前的假設，開啟新的對話和合作（與工程師、商業夥伴、社會創新者或行銷人員等），這些合作又層層疊加出新的想法。設計總是在一個充滿可能性的萬花筒中幾經波折又峰迴路轉，研究只是複雜作品中的一個環節。

設計師蒂莎・詹森（Tisha Johnson）在我們對談時，是富豪汽車公司（Volvo）的副總裁，負責內裝設計，儘管她後來已經轉行了。她跟我分享，在她所在的行業裡，有一類企畫案非常注重開放性和即興性，不僅有意利用創作來了解產品本身，而且還發現了開發產品的嶄新創造性研究路徑，這些企畫案把「研究作為設計創作的一個環節」會如何發揮作用，詮釋得恰到好處，開啟了對設計工藝、設計過程以及產品本身的探索。這樣的企畫案給人一種「臭鼬工廠」（Skunk Works）*的感覺，它們是特意打造出來的，將研究視作設計工作中開放和創造性的一部分。每當談及設計汽車時，這種即興創作的歷程，是會讓人入迷到欲罷不能。

「我們並沒有一個清楚明確的設計簡報，」詹森跟我解釋：「我們透過研究，藉著發現我們必須去設計的東西，或對這個東西有所回應，來產生出設計簡報。我們不會帶著任何假設去做設計，一開始方向會非常廣泛，比方說，這個設計可以是跟某個特定的世代或某項新興技術有關的。

* 編註：臭鼬工廠是洛克希德・馬丁公司高級開發計畫（Advanced Development Programs）的官方認可綽號。這一綽號來源自研製F-80 戰鬥機時代的洛克希德公司，因當時其廠址毗鄰一家散發惡臭的塑料廠，員工不得不戴著用防毒面具來上班。

接下來，我們繼續閱讀、研究和討論，過程中可能會注意到幾件事情的交匯點，因此讓我們能集中思考。這其實就是在發現我們所需要解決的問題。」

引人注目的是，這個龐大而高度結構化的產業，在設計工藝、設計過程以及實驗中，不僅「為了了解產品」，還對於「為了確定和定義問題的創作」，都有著濃厚的興趣。這似乎有違常理，但對設計師而言，假如把「研究」看作是創作，與其說它是一種準備性的智力活動，不如說是一種深深融入整個設計工藝和設計過程的創造性活動。

效率的設計：特斯拉S型

特斯拉的首席設計師法蘭茲・馮・霍爾茨豪森（Franz von Holzhausen）告訴我一則故事，生動地詮釋了詹森所描述的，在汽車設計中研究與創作之間的關聯。馮・霍爾茨豪森的故事講述了，他如何面對未知、怎麼樣勾勒出他基本的核心問題，以及他最終找到靈感的方式。他的故事也體現了詹森所提及的，富豪汽車公司企畫案精神中的研究／創作工藝的過程。

馮・霍爾茨豪森回憶道：「二〇〇八年我到特斯拉上班時，當時是八月，夏天正進入尾聲，我立即埋首在探索S型（Tesla Model S）及它未來的發展中。事實上，它的未來是一片未知，我把那一刻比擬成作家在開始寫小說時面對的一張白紙。這是一項異常嚴峻而且具有挑戰性的任務。

但我把它當作一個思考S型基本原理的切入點，找到了引領我前進的一盞明燈，我通常都是從尋找我所鑽研的企畫案的靈魂，踏出我的第一步。」

「你是怎麼進行的呢？」

「二〇〇八年，有不少電動汽車的樣子跟太空船根本沒兩樣，其中一些電動汽車有三個輪子，看起來有點奇怪，是有點不像汽車的產品，對喜歡嘗鮮的消費者來說可能有吸引力，但也僅止於此而已。」馮．霍爾茨豪森認為，他可以重新開始，而且他需要找到一個切入點。他想到了特斯拉公司的基本使命，以及這家公司素來專注於效率和電力推進。

如同我所接觸過的許多藝術家和設計師一樣，馮．霍爾茨豪森也在思考一些基本問題，這些問題成了他開發設計的起點：「我該怎麼做，才能以實物描繪出這個使命的意義？效率是指什麼？它可以是在模式、交通、生產方面的效率。我們的移動速度有多快？我們的行動有多乾淨？我可以用什麼方法把它轉化為視覺語言？」這些問題成為他前進的動力，促使他展開了研究——而且他還是馳騁在自行車上進行研究的！

「環法自行車賽（Tour de France）才剛舉行，我是自行車手，騎車對我而言是家常便飯。在一次騎車的過程中，我的腦海中閃現出這樣一個想法：這些職業自行車手，他們講究的是效率，他們是精雕細琢、精心調校的機器，他們的體型是根據所需的性能而雕塑設計的，他們是衝刺型的短跑健將，他們耐力十足，他們長途跋涉。他們違反了正常人的體能極限，最終的結果就是這種運動中的優美體型，這成為特斯拉S型設計語言的靈魂和精髓。我一直試圖捕捉住那精壯的肌肉和高度協調的外形，並且把它變回雕塑品，成為一輛汽車。看看S型擋泥板的線條，S型貨真價實瘦削的車身，這些都會轉化為效率！」

車身的效率——發現這一點是馮．霍爾茨豪森研究中不可或缺的一部分，這是一個充滿創意且富有參與感的過程。

不少與我交流過心得的設計師，對於我們該如何看待任何企畫案領域中的研究，提出他們修正與改善的方針。

設計要闡明的是，創作是一項廣泛且多方面的活動，「將研究作為前奏」相當於把創意產業局限於公式化的「從設想到執行」的神話中，而我在本書中一直試圖揭穿這個

特斯拉S型（2009）

神話。在設計中，研究和創意的產生是不可分割的、非線性的、相輔相成的，是創作的一部分。

我的幾位受訪者都提到了設計研究的一個重要方面，那就是設計師之間的對話，以及設計師與工程師、市場、歷史和文化的對話。馮·霍爾茨豪森在設計特斯拉S型時，「對話」無疑是他創意之旅的一部分，他告訴我，他與當時已經存在的電動車進行了對話，他希望S型能和這些汽車「對話」，並以它們的美學為基礎。

「我覺得用視覺傳達效率非常重要，因為當時（甚至現在）任何看到電動車的人都會嗤之以鼻：『用膝蓋想也知道！這些夠另類的汽車跑不遠嘛！它們都是塊狀的，看起來真笨重耶！』相比之下，我想創造的是車輪上的輕盈感、強而有力的比例感和優美的體態感。這輛車沒有一絲贅肉，它的臀部、肩部都經過精心調整、精緻而富有雕塑感，加上纖細的腰部，即使它靜止不動，也給人一種動感！」

他還用「對話」一詞來形容他與大自然的接觸，與純種馬、運動中的獵豹或飛行中的鷹之間的接觸。「它們的體態在運動中不斷變化，達到一種完美的境界。我試著在特斯拉的整體設計中實現同樣的精髓，這就是各位今天在路上所看到的特斯拉S型，我認為這是市場上最符合空氣動力學的設計，這款車是一個衝刺型的短跑運動員，它把效率轉化為雕塑品。」

好奇心是一切的開端

在我對德高望重、國際公認的著名建築師法蘭克．蓋瑞的訪談一開始，他即感慨，自己所從事的行業，已經跟他們的藝術傳統根基脫節。蓋瑞帶著一絲哀傷說：「建築師已經忘記了他們的傳統，忘了他們曾是藝術家，建築世界因而變得黯淡無光。」

蓋瑞深信藝術家應該拚命去解決複雜而且迫切需要面對的問題，這是一件很重要的事，他認為這是他職業生涯和建築研究工作的基礎。對蓋瑞來說，建築師與其藝術傳統之間的斷裂，導致建築作品缺乏能夠產生強大而美麗效果的力量。蓋瑞是建築師，他希望自己能擁有藝術家特有的好奇心，他希望其他同行也能以此為目標。對蓋瑞來說，提出「源於強烈好奇心」的偉大問題，是進入未知創意空間的切入點。這些問題影響著他的研究，也是他創作的重要組成部分——創作是通往知曉的道路。

「我認為好奇心是一切的開端，我使用《塔木德》（*Talmudic*）*作為典範，這種學習方式的特點，是『由問題引導出問題』，那些塔木德學者從不打退堂鼓。我不信教，但是『一切都從問題開始』這一點讓我深受觸動。對這件事來說，什麼是正確的？我應該怎麼做？這是什麼樣的空間？它在哪裡？它如何融入周圍的空間？它應該如何與人相處、與人有所關係？」蓋瑞繼續解釋

* 譯註：《塔木德》是猶太教的宗教文獻，源於公元前二世紀至公元五世紀間，記錄了猶太教的律法、條例和傳統。

說，他的經驗和教育塑造了這些問題，催化了他對這些問題所採取的活動。

我在蓋瑞的反思中，看到了我之前提到的相同原則——經驗、教育、價值觀、優先順序、道德規範，甚至天賦，所有這些都打造出個人為了進入未知領域所佇足站立的支架，直到創作開始進行為止。藝術家的經驗和背景並不能解決模稜兩可的問題，也無法回答問題，它們只是為具有創意的個人（即本案例中的設計師或建築師）提供了一種進行探索、解決疑問的實質性方法。偉大的問題會開啟各種可能性，經驗則能進一步拓展了影響力。

設計師佛里多．貝塞特（Frido Beisert）同樣將好奇心作為他設計工作的基本特質。貝塞特是一位出色的設計大師，在洛杉磯經營一家精品概念設計諮詢公司，他的經驗非常豐富，包括開發科幻電玩遊戲、擔任地下 DJ，以及撰寫一本關於使用 3D 軟體學習設計的書。

「我總是從問題開始，」貝塞特對我說，「通常是一個『如果』的問題，這就是我的簡報，這就是我的動力，問題給了我朝著某個方向前進的能量——『如果』我這樣做會怎麼樣呢？」設計師總是在尋找新的問題、新的可能性，和需要解決的新問題。貝塞特揭示了他生活中的這個無時無刻都在進行的功課：「我在你的房間裡看到了許多東西，」他在接受採訪時告訴我，「光是坐在這裡，這些東西已經給了我許多靈感，這正是因為我的好奇心驅使我去做。每天晚上吃飯的時候，我和妻子會進行對話，這會產生一個十到十二個不同想法的清單，而且我們想去思考、去研究和執行它們，也許是為了我們的業務而設計，或者是為了其他企畫案進一步探索。」

貝塞特的生活中充滿了源自於好奇心的問題，他把這些問題當作潛在的問題來加以解決。正如西恩・亞當斯所說，這些問題足夠深入且具體，能夠觸及實質性問題——它們不會僅只於產生「罐頭回應」（canned response）。

「對話」是研究的基礎

在我與設計師的訪談中，其中一個最新鮮的見解是關於「對話」。如前面所提到的，設計師求知而行時，往往會發現他們自己參與了多種對話。對他們來說，在工作中採取感同身受的方式是不足為奇的事，因為使用者體驗（User experience, UX）是他們設計創作的基礎。

使用者體驗設計要求設計者，對產品的最終使用者、他們的需求，以及他們需要解決的問題有人性化的認識，並以此為方針，採用複雜的研究方法。這個觀點並不算新奇，但我在探索「求知而行」的過程中發現到，任何設計研究過程，尤其是使用者體驗研究過程，都包含設計師參與的多重對話，他們把這些對話交織在一起，形成研究的基本結構。

具體來說，設計師要與工程師、客戶、業務開發人員和行銷人員進行對話；但他們也經常與更多概念性的事物進行「對話」，好比現今的技術、色彩和材料的趨勢、其他設計師的作品或產品，或是與文化、歷史、市場等對話。設計師不斷地透過這些對話，來探討他們的設計。

以蒂莎·詹森的反思為例，她從自己早期接受的創意教育裡關於對話發現的基本課程中，汲取了很多力量，這堂課與第三章中討論的「重要的材料」參與過程相呼應。她提起她在學習設計許久之前所上的第一堂人物素描課，素描課的老師教她的東西，在她的職業生涯中一直陪伴著她，那是跟「求知而行」完全一致的體驗：「老師在最初的幾天，描述了一個人與素材之間進行的對話。她強調說，創作這幅畫作的畫家很可能根本不清楚自己的作品最後會是什麼樣子，但接下來發生了一些事——這位畫家碰觸到了素材，在那一刻，炭筆也跟著在粗糙的紙張上舞動著。你得到了意想不到的回報：它會跟你對話。她把這個歷程形容為一場對話，就像：『噢，你給予了我這個，而我會回敬你這個。』」

詹森繼續闡釋了，這堂課無比重要，讓她獲益匪淺，而且深刻影響了她的設計師工作。「它讓我在發現以及創作的過程中感到自在。有很多未知因素最終會影響到整個過程，讓我經歷很多曲折。但即使在我沒有答案而坐立不安的時候，它也能讓我感到自在！」

我與法蘭克·蓋瑞的談話，擴展並加深了我對「設計師參與概念交流」的認識，他跟我提到了，設計如何與特定企畫案的周邊建築或特定城市的歷史相互作用，他的語言是經過深思熟慮的：「與合適的建築或一個地方的歷史『對話』」。

他舉了自己目前正在家鄉多倫多展開的一個建築企畫案為例，他與多倫多市政府在一座小型倉庫建築上意見分歧，雙方還在它的歷史意義和重要性上脣槍舌戰。對蓋瑞來說，人們對這棟建築的關注分散了「我在設計中需要的對話」的注意力。就像作家的作品中都有角色，這位建築師在他的「角色人物」——也就是其他建築、建築史、景觀、周圍的建築——之間創造了一種對話。「我展示了聯合車站（Union Station）、皇家約克酒店（Royal York Hotel）和議會大廈（Parliament Houses）的價值，這些都是從小陪著我在多倫多長大的建築，這就是我心目中的加拿大和多倫多。」最後，他把重點放在了一種設計上，用他的話來說，就是「能與古老的多倫多對話」。

蓋瑞的建築物與周遭的一切進行「對話」，這個想法很耐人尋味，我認為把它跟小說家或劇作家相提並論是恰當的。角色人物之間的交流和互動，甚至角色人物與作家之間的交流和互動，都是創作宇宙論的一部分，它是「發現」的動力。

蓋瑞接著舉例說明了他在紐約、畢爾包（Bilbao）和阿布達比（Abu Dhabi）的一些企畫案，他滔滔不絕時，語氣中流露出一點戲劇

法蘭克·蓋瑞，多倫多國王街（King Street）建築企畫案，設計過程始於 2018 年。3D 渲染圖由 Sora 建立，蓋瑞建築事務所（Gehry Partners, LLP）提供。

性的味道：「我在紐約設計的比克曼大廈（Beekman Tower），你把它跟伍爾沃斯大廈（Woolworth Building）和布魯克林大橋（Brooklyn Bridge）聯繫起來看，它變成了一個整體。我去畢爾包時，我告訴他們，我想研究他們的歷史和文化，我真的做了，我能夠跟他們交流、與他們合作，我尊重他們的環境。」

耽擱已久的阿布達比古根漢美術館（Guggenheim Abu Dhabi museum）的設計是蓋瑞嘗試了十到十五種迥然不同模式後的產物，這些模式雖然在他工作的概念階段即已成形，不過自始至終，都是在「與他的客戶、與這座城市當地文化和歷史的對話」中形成的。「我做了所有一切研究——要是……會如何？如果……會怎麼樣？萬一……會發生什麼事？假如……要怎

法蘭克．蓋瑞，雲杉街8號（8 Spruce Street）（原名比克曼大廈，2011）與曼哈頓市的天際線。蓋瑞建築事務所提供

麼辦——正是為了探尋他們的回應。」一旦阿布達比最終選擇了其中一個模式時，他們這樣做是因為，「他們相信我從根本上理解了他們的文化。」這個美術館的設計是透過廣泛而多方面的對話產生的。

開啟多重對話

客戶端是設計過程的一個特定範疇，本書很多受訪者都認為，這是設計師與美術家工作的差異之處。譬如，工業設計師安迪．奧格登（Andy Ogden）在我跟他談到他與客戶的對話時，

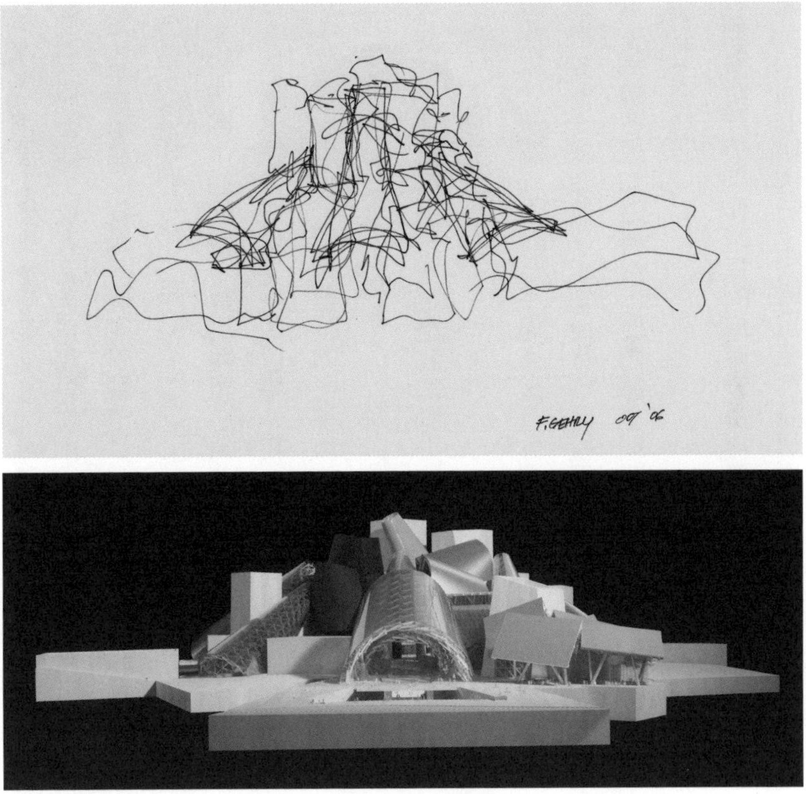

法蘭克．蓋瑞，阿布達比古根漢美術館草圖與模型，設計過程始於 2006 年。
蓋瑞建築事務所提供

強調了這種對話對他工作的重要性，以及這種對話與他解決問題的心態之間的深刻關聯。「我從藝術領域起頭，創作一些我認為有趣的表達方式，或者完全是我想創作的東西，並沒有要解決問題，也不是根據別人的目標或需求規定。事實證明，我是一個對學習『有問題要解決』有共鳴的人，這是我感興趣的。這是個謎題、是個遊戲，這裡面趣味十足啊！」

在繼續討論他的工作流程時，看來再明顯不過的是，解決難題必須包括與客戶、顧客或隱性合作對象的對話：「我建立了一個概念框架，這當中包含一些目標，我一直都是採用一個價值框架——關注的是在特定情境中的客戶、顧客或公司。我所傳授的一種做法是，要求設計師去管理利益相關者的各種價值觀，假如設計師想讓自己立於不敗之地，則必須採取這種方式去參與其中。我們需要在別人的框架內進行建構與設計，這意味深長，也是我的動力的一部分。」在別人的框架內建構與設計，是在設計中「求知而行」的基本要素。

然而，耐人尋味的是，對奧格登來說，「求知而行」不僅僅是發生在對話中某一方的事情，客戶也會這樣做，而且還是完全的參與者。「我認為『求知而行』過程是一個真理，而不是有些人在實踐、有些人卻沒有實踐的事情。無論客戶知道與否，他們都在經歷同樣的過程，他們聘請設計師的部分原因，就是因為他們也需要求知而行。」

這種見解值得注意，它最終使我們對設計與創作過程的理解變得複雜，正如一些設計師喜歡說的那樣，考慮他人——塑造與培養「同理心肌肉」——的重要性是毋庸置疑的，這是設計師所熟悉的一種方式，讓他們可以實現設計的工藝與過程，以及感受到「使用者意識」這個重要層面。套用互動設計師瑪姬·亨德莉（Maggie Hendrie）的話來說：「對我個人來說，理解包含同理心，我看到大家使用科技時，我就能理解他們，我理解他們的喜怒哀樂，也理解他們的面部表情。對我來說，理解包括情感上的投入。」這種觀點認為，有了這種理解，好的設計指日可待！

與奧格登一樣，亨德莉將我們對設計工藝與過程的思考，延伸到了與客戶進行更全面的對話中，這不僅僅是透過「觀察和學習」，實際上還是一種深入而重要的對話，涉及的領域要複雜得多。借用她的話來說：「我對參與式設計和意義的共同創造很感興趣。」亨德莉在與客戶合作時，她的方式是：讓對方明白，不僅會有結果，他們也會參與其中。

因此從根本上說，設計中的「求知而行」是一種合作，作家和視覺藝術家進入未知的狀態，進入消極能力的空間，這個空間的功能就像一個創造性的發現樂園——不過他們往往是透過激發個人想像力的創作過程，獨自進行創作。另一方面，設計師則與客戶或使用者等人進行對話，而且這種對話會主宰他們的發現和創作結構。

設計師尼克·哈佛馬斯（Nik Hafermaas）聊到了他在一個名為「目眩神迷」（Dazzle）的企畫案設計過程的精采故事，這是他為聖地亞哥國際機場（San Diego Airport）租車中心一千六百英尺高的建築物立面（façade）創作的作品。故事中，將設計師與各種「對話者」進行交流和深度對話的重要性，以及交流和對話如何從根本上促進企畫案的發展，刻畫得淋漓盡致。

在企畫案初期，哈佛馬斯懷疑自己是被雇來「裝飾」什麼東西的，只是為了讓「建築物立面看起來美觀」。「客戶撥給我的資金是用於購買一件劃時代的地標藝術品，該藝術品可以從視覺上提升建築的檔次。但沒有人想過、甚至沒有人暗示過，除此之外還可以做些什麼，可以用身體實際觸碰建築物外牆，或者做一些需要採取某些行動的事。我可以在建築物外牆旁邊放一束超大的花，或者創作一些會迎風搖曳的東西，抑或設計一些同樣平淡乏味、缺乏創意的東西。」

哈佛馬斯不想做任何會產生「預期結果」的陳詞濫調的東西，他也沒有「願景」，他知道，自己需要一個創作過程，來發現自己能製作出什麼與眾不同、令人興奮的作品，他認為自己的工作是以一種更全面、可以考倒客戶的方式與客戶互動。「我要如何去改變？我要怎麼做才能改變遊戲規則？」他喜歡這種考驗，他知道這種挑戰必須來自於與客戶之間非常具體的創意過程。「除非我看到有機會產生真正的影響、可以改變一下，否則我不會費心去做。」

拿哈佛馬斯自己的話說，他為這個企畫案帶來了「顛覆性」的議程。但在與我的討論中，他後來將自己的方法重新定義為更接近於「顛覆性的遊戲性」，後面這個詞是指重大修改，因為除了「遊戲性」的創造性含義之外，對他來說，還代表著戲劇性的開放式對話。

「這是顛覆性的方法，也是妙趣橫生的方法，我參加的是開放式的實驗，這也是一齣戲，目的是看它能把你引向何方——在對話中與他人進行角色扮演的能力。之所以說它是一齣戲，是因為它是一種表演，我能讓客戶或利益相關者參與到他們通常願意參與範圍之外的地方嗎？」

哈佛馬斯希望設計出一種比原有建築更具質感而且規模更宏大的建築物立面，他想在設計上打破常規。在與客戶的「表演」中，他參考了眩暈迷彩（Dazzle camouflage）的概念——一種在第一次和第二次世界大戰中使用的船隻迷彩，最初是由英國藝術家諾曼・威爾金森（Norman Wilkinson）在皇家海軍志願後備隊（Royal Navy Volunteer Reserve）服役時所發明的。

眩暈迷彩是由在艦船上繪製各種交錯的幾何形狀圖案所組成的，從歷史上看，這種迷彩並不在我們所熟悉的「隱蔽、偽裝」這層含義，主要是使船隻的目標範圍、速度或方向變得難以辨認或估計。按威爾金森自己的話說，繪製目的是讓艦艇「不是為了擁有低能見度而塗上迷彩，而是為了破壞船舶的外形，從而使（敵方）潛艇軍官對這艘船的航向感到困惑，讓敵方看不懂該船隻的前進方向。」(4)

本著類似的精神，哈佛馬斯將眩暈迷彩的概念引入聖地亞哥機場企畫案，不是為了隱藏建築物外牆，而是為了賦予機場外貌和立體感。用他的話來說，就是「把機場的外觀整個打亂」，並且解決機場一般常見的設計問題。最終，他想讓這棟建築變得陌生化（defamiliarization），跳脫平常，創造出一種與這座機場互動的體驗。

他向我透露：「令我大感驚訝的是，我的客戶說他們喜歡這個概念！甚至連建築師也被深深吸引。我回答建築師說：『你設計了這座建築，並為它雕塑出一個結構，我則要反其道而行之，挑戰我們的認知！』於是，我在設計簡報獲得批准後，決定要遵循眩暈迷彩的設計理念！」

「你最初是怎麼想到這個點子的？」我問道。

「我當時正在翻閱我最喜歡的德國汽車雜誌《Intersection Magazine》，無意中發現了一篇關於眩暈迷彩的短文，我開始覺得蠻好奇的：這種技術是不是能用在靜止的建築物外牆上？而不是移動的物體上——比如一艘船。我感興趣的不是隱藏建築物外牆，而是干擾我們對外牆的感知。」

「無意中嗎？」

「從某種意義上說，是沒錯的；但從另一種意義上說，我那時正在積極參與創作這座建築，我願意接受任何一種想法。」

這裡又出現了一個「幸福的意外」的例子！許多藝術家和設計師在他們的作品中都提到了這一點，然而，「無意中」可能用詞不當。正如譚恩美所指出的：看似偶然的事情，其實是在創作宇宙論中出現的——就好像有一種法則可以讓它產生。用漢彌爾頓的話說：這需要藝術家的反應能力和準備狀態。

後來的故事，就是為了找到實現這個概念的合適材料。哈佛馬斯還進行了一項實驗和原型設計——排除光靠粉刷建築物外牆來實現他的目標的想法。

談起他的構想時，他津津樂道：「要達到偽裝的目的，粉刷這種方式會顯得廉價（雖然粉刷正是威爾金森最初創造眩暈迷彩的方式）！」他希望這種眩暈迷彩能栩栩如生、活靈活現，因此，他第一先嘗試使用黑色薄膜材料，這種材料在光線照射下，會反射出有趣的形狀。「我們的主張是，汽車一開過去，會透過車頭燈，把這種眩暈迷彩生動地描繪出來。我們端出了一個與原物大小一致的原型進行了嘗試，但就是行不通！」接下來，機緣巧合——又一個「幸福的意外」再次降臨。

哈佛馬斯解釋說：「我接到了來自電子墨水公司（E Ink Corporation）的電話，他們負責製作Kindle電子書閱讀器的螢幕，還有電子紙顯示器。他們看過我以前的作品，提到：『我們喜歡你的作品，而且我們有這種材料，你對它很熟悉，因為它來自Kindle閱讀器，現在我們可以把這些列印出來，足足有一英里長，但不知道要怎麼處理，我們需要你的幫助！』接下來，就在那一秒，在電話裡我立刻答腔——『耶！我想我知道該怎麼做了！』我奔回機場，徵詢大家的意見：『我們把整件事情做成動畫怎麼樣？』我向他們解釋了這種電子紙的工作原理，這是一種被動顯示器，實際上，它的小分子可以一下子變黑、一下子轉白，你能想像把它用在建築物立面嗎？」

哈佛馬斯與來自美國國家航空暨太空總署（NASA）噴射推進實驗室（Jet Propulsion Laboratory）的同行藝術家丹．古茲（Dan Goods）和大衛．德爾加多（David Delgado）攜手合作，進入了漫長的研發階段，對這種材料進行測試，確定將該材料長時間暴露在環境要素中所需的條件。透過原型設計，他們能夠開發出實際可用的產品。

最終，一個由數百塊瓷磚（由電子墨水公司生產）組成的獨特設計應運而生。這些瓷磚將光伏（太陽能）材料與特殊的耐候電子紙結合在一起，很有技巧地放置在這座建築物上。然而，用

眩暈迷彩戰艦：巡洋艦FFS GLOIRE（1994）

聖地亞哥國際機場租車中心的目眩神迷企畫案（2017）

這些瓷磚貼滿整個建築物外牆的成本太高，因此，如何用最少的材料產生出最大的視覺效果，就成了問題。從附圖中可以看出，效果相當震撼！哈佛馬斯向我解析：「地球上還沒有任何一個長達一千六百英尺的立面是用這種技術製作的，而且它完全由太陽能供電，沒有電纜、沒有光汙染，跟時代廣場不一樣，而是透過綠色科技發出耀眼的光芒！」

值得注意的是，在這個企畫案「求知而行」的過程中，涉及了多個層面的對話：客戶與設計師之間、設計師與原建築師之間的對話是顯而易見的，參與其中的藝術家和工程師之間的交流也是如此。但對話還遠遠不止這些，哈佛馬斯指出，他的作品跟其他類似的作品對話，而且也跟在新的組合和環境中使用的多種材料進行了對話。出乎意料的是，這個作品還引發了與聖地亞哥本身歷史的對話。

根據哈佛馬斯所進行的研究，眩暈迷彩最早是在聖地亞哥水域進行效果測試，因此，跟這段歷史來趟交流，讓他樂在其中。考慮到機場的環境，他對「空氣與水於此相逢」的對話也興致勃勃。這是一場固定與移動物體、隱蔽與顯露、明亮與黑暗、吸收與反射的對話，哈佛馬斯在我們這回訪談告一段落時堅決認為，這也是一場「與藝術史，與諾曼．威爾金森本人，以及與立體主義（Cubism）對他的眩暈迷彩概念的啟發的對話」。

而大衛．莫卡斯基（David Mocarski）為甘洛克家具公司（Gunlocke）設計的一把獲獎椅子所發展的故事，也是一個例子，可以明顯看出，設計師如何在對話中進行工作。

莫卡斯基從客戶那裡收到了一份簡報，而且基本上要求設計出「一把具有獨特個性的簡易曲木椅」。莫卡斯基向我坦言了他最初對這份簡報內容模稜兩可感到失望，以及他如何立即展開這個有趣的過程——他讓這個過程變得很不簡單，以此作為自己從事設計的方式。他的故事不僅證明了創作過程是如何展開的——即使只收到語焉不詳的指示——而且還證明了設計師在加深客戶理解和認識方面所扮演的角色。正如安迪·奧格登在本章前面所指出的那樣，客戶也有一個「求知而行」的歷程。

莫卡斯基在他的工藝創作過程之初，即開始與歷史對話：「我首先開始研究，來到美國並定居在密西根州和北卡羅來納州的歐洲工匠的木工和工藝歷史，那裡確實是美國家具的真正發源地，我對他們獨特的、簡化的製作工藝和製程感到如痴如醉。」這種最初的探索，後來變成了與一九二〇年代另一個公認的文化偶像——可可·香奈兒（Coco Chanel）的「小黑裙」（Little Black Dress）——的對話（這讓人想起哈佛馬斯

大衛·莫卡斯基，蒂亞（Tia）客椅，甘洛克家具公司（Gunlocke）製作（2017）。

「無意中」發現眩暈迷彩的情景），「我發現自己在思考這條裙子簡潔的輪廓，我喜歡它的比例，它讓身材靠著穿搭這條裙子展現出來，而這條裙子則藉著身材來展現自己。」

莫卡斯基在為他的構想繪製草圖的過程中，參與了「精心雕琢的工藝家具」與「多用途、經濟實惠的時裝設計」之間的對話。他的創作過程是：同時展開與許多有形和無形者進行對話。

「一切都在同一時間發生，從來沒有單一的線性過程，所有東西都有多個層次，任何一個問題都有多種答案和多重可能性。我不斷地在思考背景和脈絡、特定品牌或別人的作品之間游移——在我繪畫時，所有這些東西，都在我的腦海中盤旋不去。我也寫作，我會在自己所有的畫作上寫字，有時我會寫一個單詞或短句，這是我與想法對話的方式。我和想法對話，是想法在回饋我，這就是奇蹟發生的時候，這就是為什麼那時會有一個創作過程。這就是解決問題的過程，是一種創新，我可以進入這種創新，對我來說，這確實是魔法和鍊金術的交界之處。」

設計中的「求知而行」是對話、運動、研究、討論和協商，它是繪製草圖、模型製作、寫作

香奈兒「小黑裙」插圖，1926 年刊登於《Vogue》雜誌。© 康泰納仕雜誌出版集團（Conde Nast）

以及遊戲，它正在與文化和歷史對話。它是對話，它是與同行設計師、工程師、商業夥伴的合作，是與客戶、公司和使用者的對話。

正如佛里多·貝塞特提出的，這也是他在創作過程中使用的各種媒介之間的對話，按貝塞特的話來詮釋：「對我而言，最關鍵的是媒介的轉換，要是我觀察一個想法發展到成品的演變過程，會目睹它經歷了多個階段的演變，這跟蝴蝶的蛻變大同小異。每當我轉換媒介時，我都很興奮，因為它改變了一切，改變了對話。有時，想法會被淘汰，有時，想法會臻於完善。」或者，如同設計師安妮·伯迪克所認為的那樣，設計中的創作，是與物體——跟她正在設計的一本書的文字，以及其他人所進行的對話：「我有兩種合作對象，一種是真實的人，另一種則是文字。」

在開始寫這本書之前，我對設計師會有多麼像作家一樣，「在他們的創作過程中創造了一個對話的世界」這個過程、如何相互「對話」的這些事，其實是一知半解。惟有透過多重對話，很多設計師才能夠找到解決問題的方法。蘇格拉底式對話（Socratic dialogue）跟這個方法有異曲同工之妙，只不過是以實物創作的形式出現。設計師一開始對問題的解決方案會感到茫然，而且並沒有一個可以體現的願景，他們進入的是一個不斷變化與發展、有時甚至是辯證的創作過程。

但對我來說，這些對話也是戲劇性的，因為從設計師的工作方式來說，他們在創作時可能有蘇格拉底的影子，不過他們其實也和劇作家沒什麼分別，他們駕馭著多重對話、場景和角色人物，創造出一個又一個的世界以及多層次的概念。在我提出「求知而行」這個問題之前，我對我的設計師同事的創作過程以及戲劇的世界，這兩者之間的密切關係不甚了解，而我正是在戲劇的世界裡接受訓練，並且透過戲劇的世界，學到了許多人類經驗的知識。哈姆雷特的宣言現在可以產生出新的聯想了，所有雙關語都在暗示：「一切盡在戲劇中！」這一點真是千真萬確。

草圖繪製、建模、原型製作

「我的手在向自己解釋我心中的想法。」——索爾·斯坦伯格（Saul Steinberg）(5)

「首先是創作，然後是匹配。」——恩斯特·貢布里希爵士（E.H. Gombrich）(6)

設計師會透過各種實體和數位媒體來找到自己的方向，比如：繪製草圖，勾勒出構想，建立模型，製作原型並進行測試。某位建築師可能會使用積木來探索三維空間中的形式關係，而另一位建築師則可能會使用多種三維建模軟體中的一種來作業。設計師幾乎都會建立他們的設計原型，作為生產新一代產品與創作的重要方式。他們透過建立來發現，他們藉著實體形狀來思考，他們經由材料來學習，他們求知而行。

建築師麥可·馬爾贊（Michael Maltzan）向我介紹他求知而行的設計過程時，說得很明白，他在設計過程中，進行了許多不同的啟示性對話。跟蓋瑞（馬爾贊在早期職業生涯中曾與他共事過）一樣，他對環境有著敏銳的意識，知道他的新設計如何在「一個地方的特徵」中找到意義，要怎麼樣與這個地方「對話」。

對馬爾贊來說，一切都從他需要實際表達的概念或想法開始。「而且我說的『實際表達』，意思是它甚至可以是在紙上或 iPad 上的草圖」。

隨著他講述這一切，我開始明白，這個「實際表達」的過程，是他開始對話的一種方式，就像我們試圖了解另一個人時所進行的對話，是一模一樣的。他用「脆弱」這個詞，來形容在表達「概念性想法」最初階段所發生的事情：「首先是願意以更明顯或公開的方式表現出脆弱。我認為，設計的初始過程是我必須努力的一個過程——傳達一些我並不百分之百確定的東西，但最終可能會帶來更多的東西。」

「很多藝術家都說，這個早期階段是為了替更深層次的創作建設框架，」我提出疑惑：「你是這麼看的嗎？」

「對我來說，這是一種實體宣言，我不知道還能怎麼形容它。它是一種宣言，透露了我內心深處不完整的東西，要是它太過於隱藏在內在，這時我發現，要創作還真是不容易。」接下來，他還提出了對話的概念：「對話一登場，我就可以開始創作，發揮我的能力、工具和經驗。這真的是一場對話、它開始成為另一個角色人物，它會跟你對話。」

要是草圖帶來了能奏效的東西、假如脆弱的想法透過真誠的對話開始有了實質內容，馬爾贊就會嘗試用三維形式創造另一個層次的對話。「我嘗試把它從二維的東西變成三維的，這可以很簡單，就像一個想法的小模型，也可能是一個更豐滿充實的模型，它不一定要很大，不過對我來說，它必須是實物，我感興趣的東西——從一個建築師口中說出來可能聽起來有點滑稽——不是形式，而是用形式創造出來的空間。」

說到這裡，馬爾贊跟我分享了另一個強化對話的意義和重要性，這也是他創作過程中不可或缺的一部分：「無論是在形式之間，還是在這個形式周圍的現有環境中——建築內部、下方或上方的空間——對我來說，這就是意義或故事情節所在。這件事並不容易，而且十之八九不那麼具體，大家也不那麼容易看到，但這正是我所追求的。」

他與實體接觸、與之對話，以及與其周圍環境的對話，都是有意地表達為一種創作，從而導致一種理解。「我知道自己在追求什麼，但我不一定知道，什麼是承載這種雄心壯志的正確形式。我會發現，最初的實體形態並不能以我想要的方式承載這種雄心壯志，而且這種現象不足為奇。我不認為我對正確的外觀、正確的美學有明確的想法，不過我確實相信，我對我想透過建築達到的目的，可以有所領悟。」

「建模是了解構想的一種方式嗎？或者甚至它不應該會是什麼？這種語言有意義嗎？」

「我確實認為建模能讓你了解構想，很多時候建模還能讓你知道構想不是什麼。建模讓我知道下一步該怎麼做。有時候，你想完全放棄建模，但大多數情況下，下一步比較常發生的是重新調整建模。」

隨著我們訪談繼續下去，我逐漸意識到，對馬爾贊來說，反覆的製作過程、調查對話是最基本的，而且是極度重要的。「正是在這個過程中，你不僅看到了建築，還看到了思想、信念和雄心壯志的連貫性。這就是正在持續進行中的故事情節，我很難認為這個設計是固定不變的。我不太喜歡去施工現場看到有東西搭建起來，因為到了這個環節上，基於很多後勤物流和合理的經濟原因，我已經無法去改變事情。我可以調整一些東西，但我不能改變事情。然而，當我身臨其境時，我無法不把它看作是整個正在展開的設計過程的一部分，我不可避免地想要去改變一些東西、移動一些東西，但這種動作非停下來不可。」對馬爾贊而言，作品的變更在施工圖設計階段的某個時候就結束了，即「一旦我意識到我真的不能再進行變動的時候」。

在我們談話的最後，關於馬爾贊的創作實踐還有一點需要澄清。他堅持認為，創作過程中的不同階段，雖然顯露出來的表現形式彼此天差地遠，但都是環環相扣的，並不一定按順序進行。他舉例說明了他的草圖和他非常依賴三維模型之間的關係，「我不會先畫草圖，接著再根據草圖製作模型。實際上，我是同時在模型上工作，就好像我在用模型進行雕塑一樣。」透過這種方式，馬爾贊在二維和三維之間創造了一種對話。他的創作過程就是這些不同元素之間的對話，這個過程令他專心致志在他的作品上，並最終讓他的作品達到精確的境界。

法蘭克・蓋瑞以建造三維模型來推動自己的設計而聞名，「我想直觀地看到它，我想看到現場、我想看到其中的關係；照片無法滿足我的要求，照片雖然有幫助，但並不完整。」

我想聽他講關於他即興使用材料的故事，那些故事家喻戶曉，其中有個情節是他把紙片揉成一團扔在地上，用這種方式來尋找建築設計的靈感。而他則帶著自嘲回答我：「還不都是因為我上的那個電視節目，是他們自己編造了那個想法。」

「是《辛普森家庭》嗎？」

「對啊！在那一集裡，我收到一封信，要我為他們的小鎮設計一座音樂廳。我讀了那封信，把信紙揉成一團丟在地上，接下來我看著它，把它撿起來，而且喜形於色。」

「法蘭克・蓋瑞，你真是個天才耶！」製作人為這一集錄製了蓋瑞的聲音，不過蓋瑞接著告訴我，這句自我吹噓的話，他很難以啟齒，也因此讓導演很傷心。「我無法按照他們的要求堅定地說出這句話，因為我是猶太人，不相信那些。但那集節目播出後，大家都認為，我把紙弄皺了，我就是這樣設計的。觀眾老是在街上攔住我，他們會把紙揉成一團，而且讓我在上面簽名！」

實際上，蓋瑞確實透過繪製草圖和模型來進行實驗和即興創

法蘭克・蓋瑞在2005年《辛普森家庭》（第16季第14集）的《七啤酒告密者》（*The Seven-Beer Snitch*）中現身。《辛普森家庭》©2005年二十一世紀福克斯電視公司版權所有。

作。這些都是在創作和在設計中的關鍵步驟，這些步驟讓他更了解建築的本質、建築物可能會是什麼模樣。不過，一旦我們特別討論他的草圖時，他開口講了一句非常引人注目的話——我一開始以為這可能只是一句隨口說說的話，我仔細回味這句話時，才意識到它的重要性。蓋瑞說：「我確實畫了滿坑滿谷的草圖，可是我認為這些草圖不會清楚到讓任何人明白我的意思，要是你看著這些草圖，你會不了解它們究竟在表達什麼。」

我對這種個人化的、近乎別具一格的草圖理念，十分關注而且好奇。「我可以透過草圖開始思考問題！」安迪．奧格登說，「我可以創造出一種我所理解的符號學，並用它來解決各種問題！」但是，和蓋瑞一樣，奧格登也特別強調：「我不是在畫給別人看，我是在創作符號，讓自己去思考一些問題。」麥可．馬爾贊則是提到了他早期草圖的「脆弱性」；而佛里多．貝塞特更有意思，他拍胸脯保證，他能見任何設計師的草圖如見人：「我百分之百肯定，我可以從一個人的素描簿，看得出他是怎樣的人。」

從一方面來說，草圖因人而異的特色，明確反映出，一些設計師用來進入創作的未知空間的早期作品，只是初始階段，還沒有準備就緒。這些設計師的思路，讓我想起了我在前一章中討論過的小說家，他們的圖紙就像一頁又一頁的寫作稿一樣，文字則好比湯姆．史登用來找出讓他興趣盎然的角色人物。在這個過程的這個階段，概念可以透過實體物質或材料加以演變，除了創作者和製造者之外，它不屬於任何人，就像雕塑家亞歷山大．考爾德用鐵絲思考一樣。

但在另一方面，草圖也是個人的，對「求知而行」的體驗具有重要意義。藝術家和設計師在創作過程中認識到的，不僅是作品本身需要成為什麼，而且往往是關於他們自己的一些東西，以及他們對某個想法、問題去努力的看法或感受。

瓊．蒂蒂安（Joan Didion）在痛失丈夫約翰．格雷戈里．鄧恩（John Gregory Dunne）一年半後，又接連送走女兒金塔納．魯．鄧恩（Quintana Roo Dunne），此時的她，強烈地體現了這種自主學習（self-learning）。正如她的長期圖書編輯謝利．萬格（Shelley Wanger）在二〇一七年一部關於蒂蒂安的紀錄片中所分析的：「瓊需要透過寫作來了解自己是如何思考的。」[7]

照著蒂蒂安自己的話說：「要是我有幸能夠——哪怕只是有限的——觸碰到自己的思想，那我就沒有理由寫作了。」[8]《奇想之年》（*The Year of Magical Thinking*）這本書出自她筆下，希望藉此能解決喪夫之痛，隨後她又下筆完成一篇《藍色之夜》（*Blue Nights*），記述女兒香消玉殞以及她自己因此撕心裂肺的痛。

我提出這一點——關於創作是認識自我的一種方式——是為了表達，與其用這些字詞來傾吐心聲，設計師（就像作家一樣）雖然比較情願三緘其口，不過也必然涉及這種個人層面。可以肯定的是，設計師設計的過程與藝術家的工作過程是不同的，許多設計師一下子就會指出這一點。但我認為，一味地強調客戶也會加入——或把注意力集中在諸如產業、利潤和生產製造等方面的考慮——會讓人誤判並且下錯這樣的結論：設計師自己的個人參與和私人見解，在某種程度上並不是設計作品的一部分。

在設計界，大家鮮少談論這個問題，但流芳百世的設計傑作，確實反映了設計者更深層次的情感、價值觀、信念和經驗。把個人與設計相背離，就等於錯失了注入一些太過人性化的東西。

我認為，那些曠世鉅作的設計作品，總是會有設計師的個人化元素融入其中，成為設計的一部分，不然的話，它會變得乏人問津。設計出來的東西，設計完成的物品，都蘊含著深思熟慮和個人信念，那是我們可能無法明確理解或無法表達清楚、甚至無法在作品最終表現形式中立即辨認出來，但它在某種程度上傳達了我們對設計、從設計中看到對品質的喜愛和感情。「求知而行」能幫助我們了解，個人化元素如何融入設計中。

國際知名設計師寶拉·雪兒（Paula Scher）跟我剖析了她在繪製草圖時經歷的「潛意識」發現：「我開始畫一些東西，起初有點僵硬，而且是根據我已有的想法設計的。然後在創作過程中，我看到了一些東西。」她接著提到她的心得：對她來說，發現的過程是一種個人的陌生化，是透過不同背景下，觀察到她已經掌握的東西，並進而去了解它。

請注意她這段話中的「求知而行」導向：「有一種東西會藉著創作而被觸發，透過一個新的框架來發現我已經擁有的知識。我們是設計師，我們會重溫許多自己已知的，關於排版和訊息傳遞的比例等方面的知識，不過一旦框架有所轉變，煥然一新，我們會有天大的發現！」

「寶拉，妳是怎麼得到那個新框架的？」我問道。

「我把它解釋為一種自由落體、自由遊戲的形式。你暫時放下你的信仰體系、你的一套技巧、你認為自己知道和不知道的東西。暫停它，用潛意識去發現，你就會處於把自己置身其中的狀態。對我來說，一般是透過繪製草圖去達成的。」

雪兒開門見山指出，那些讓她發現自己的創意、她個人連結的「遊戲狀態」，都發生在那些「淋浴」或「開車」的發現與探索時刻。我們已經聽說過，在其他藝術家身上，同樣的發現與探索也屢見不鮮，「你需要處於一種遊戲的狀態，處於一種創作或半專注的狀態，讓這種潛意識行為發生，幫你激發出構想。」

她接著更具體地描述了，這種狀態對她來說會是什麼光景：「我覺得我抽菸的時候會更有創意和創造力——抽菸是我完成一項活動後，休息一下時會做的事，我可能正在寫信，接著停下來抽根菸。你會變成點子王，因為除了抽菸，你並不會特別去關注任何事情。我的問題是，我用閱讀電子郵件代替了抽菸，這實際上會動用到意識能量，而我發現，這樣一來，我失去了很多創作空間，因為抽菸和無所事事地站著都是無足輕重的事；我的意思是什麼事情都沒發生，所以一切事情都在發生。」

雪兒舉了一個我們採訪當天的具體例子，來說明她是如何透過繪製草圖來進入自己的思考和遊戲狀態的。不過，在這個特殊的時刻，她有截止日期限制的壓力，套用她的話說，這個限制轉換了境界：「你不能無聊地站在一旁發呆，等待一個美妙的『頓悟』時刻自動迎上門。」儘管如此，她還是找到了自己的方式，即藉著創作來創造機會和找到解決方案，這讓她能夠在同樣陌生化的、儘管是更緊迫的、新鮮的環境中認識事物。

「就在今天下午，我必須找到一些解決問題的辦法——我是用畫出草圖的方式來做的，因為這個方式無往不利！對我來說，最有效的方法就是用描繪草圖的方式來解決問題。」她具體說明了描繪草圖是怎麼發揮效用的：「如果我在一張紙上設計標誌、商標之類的東西，而我又無法讓它盡善盡美，那會很令人沮喪，因為我覺得它看起來逃不過很草率的命運。」

接下來，她透過「對必然不完美的作品加以改善到無懈可擊」的反射過程，找到了她「無意識的」、「像抽菸般的」開口，這本身就使她進入了遊戲狀態，反射變成了「無意識的」，於是發現的遊戲開始了。「無意識的部分是，試圖讓我認為，我畫的東西變得整潔。當我在做這種無意識的活動時……這就是我發現的地方。」換句話說，在這個例子中，創作是打造、設計標誌、商標的反射性活動；而對她來說，這個活動本身成為一種遊戲狀態，將她自己真實的、非常個人化的解決方案凸顯出來。她透過這個創作過程，認識到了這一點。

雪兒的觀點很微妙，證明她是一位非常了解自己、歷練老成的設計師。我採訪設計師安妮・伯迪克時，她關於刻意創造一種遊戲狀態（或「無意識」）的觀點，以了解自我、了解自己的想法，讓我茅塞頓開。她表達了一個非常相似的概念，但情境上有天壤之別。「我在會議上塗鴉，這是我傾聽的一種方式，它能讓我的大腦被占據一部分，從而解放另一部分。因此，這有點像，你知道，開車或洗澡時，我在做一些死記硬背的事情。」

把標誌、商標設計工作做到精益求精，在會議中塗鴉，抽菸，重複動作，所有這些都是求知而行的一部分，這些全部是解決問題的一環。

打造限制

「設計只能在社會和技術限制兼具的領域內進行。」——普爾・比奇・奧爾森和洛納・希頓（9）

模型和原型一方面是檢驗想法和概念的方法。不過它們還有另一層作用，而且大部分的人對「這個作用是創作工作的一環」的認識程度，就像霧裡看花一般。這個作用就是：納入強制的約束條件並找到限制。

我們一般都會替強制的約束關係冠上負面標籤，但設計師告訴我，他們都能以這種與創作本身密不可分的方式，來加以運用約束與限制。我是戲劇導演，對這一點有著深刻的體會，因為我一清二楚開幕之夜的非凡創意價值，它本身就是一部作品的內在約束。一場演出經過強制約束，以及必須設定最後期限，然後演出不可避免地要呈現在觀眾面前，這本身就是創作過程的現實。

有時，它似乎蘊含著一種魔力。我無法統計，我有多少場演出，在最後一星期的技術排練和最後彩排中，處於完全混亂的狀態，但在首演當晚卻找到了連貫性和力量。

強制的約束關係有助於集中、限制和磨練創造性想像，企畫案或企畫案摘要中也有一些固有的實際限制——像是預算、進度和法規要求等等，這些強制的約束關係，也是限制各種可能性、集中設計師注意力的好幫手。但與我們的目的更相關的是，要認識到，設計師在透過三維建模和原型製作進行設計時，所面臨的一種更深思熟慮、更具創造性的強制約束關係。設計師會從很多角度來談論這一點，其中一般最習以為常的是用「失敗」這種語言，失敗是產生可能性的一種方式，也是找到創意的一種方式。

工業設計師伊夫・貝哈爾（Yves Behar）是這樣形容的——描繪草圖是一種「擺脫我大腦裡的所有糟糕想法」的方法，伊夫・貝哈爾同樣將失敗和原型設計視為尋求解決方案的一種方式，他特別把一件事掛在嘴上，即他很欣賞「快速失敗原型設計」，他非常強調「創作是解決一切問題的方法，它不會一律都發生在實物形體上，我認為原型設計可以是數位化的，它可以是任何東西」。

貝塞特也在歐洲工商管理學院（INSEAD）任教，他針對他的商科學生和設計專業學生的思維方式提出了有趣的區別：「我們處理事情的方式根本上大相徑庭，這現象大大地引起我注意。在商學院，我告訴學生，『這裡有個問題，去解決它！』而他們所做的，是透過人脈的案例研究，思考別人過去是如何解決這個問題的，試圖從中找出唯一的最佳解決方案，他們運用以前做過的事情來解決問題。設計師則不一定依靠現有的東西來解決問題。」

貝塞特接下來進行了總結，而他的措辭，則令人聯想到藝術家安・漢彌爾頓刻意塑造的「未知」。貝塞特的看法是，有了這種心態，設計師可以透過縮小可能性來找到答案，他分析設計師的做法是：「設計師要有『不知道解決方案是什麼』的自信，他們要別出心裁，並讓這種設計不落窠臼的過程，引導自己創造出立意新穎的東西！」在解決問題時，設計師是用「刪去法」來找出他們的解決方案的。

互動設計師瑪姬・亨德莉則是這樣發表她對這個「限制」問題的意見：「在我工作的世界裡，大家一直在為事物建模，我們用演算法來計算，如何在街上開車，要怎麼樣能夠找到真愛，該怎麼找到能讓全家人幸福快樂的家。我們用演算法來建模。從實質上看，模型是簡化、縮減的，這就是模型的本質，除去與增加。」

正如我們所見，麥可・馬爾贊是多產的模型製作師，他是「實物形體派」的信徒，這是他設計時始終如一的工作方式。他也將這些模型當作自己的左右手，去勘察出企畫案「不是什麼」，而且他經歷了構想刪去法的過程。「我大多會發現，有些最初的實物形體並不能用我希望它們能達成的方式，去承載著我的雄心，我多半會見證到它們是錯的，它們偏離了方向。」他運用各種技術和工具，從數位製造到手工製作模型，應有盡有，無所不包，這是他處理特定企畫案的一系列選擇方式，並且圍繞著這些選擇去建立某種限制。

在創造限制的過程中，他建立了一個框架，矛盾的是，他認為這是他「即興創作」過程的關鍵：「我認為這個框架或骨架，是即興創作過程必須在裡面發揮作用的。我們會知道那些終點在哪裡，我們會知道那是什麼感覺，我們知道哪裡有餘地、哪裡沒有自由度。我認為，這個模型可以讓我們生活在這個框架的空間中時，變得更加得心應手。」

我想不出有什麼比馬爾贊的框架更好的方法，來說明建模和原型設計從本質上說是一種縮減，而矛盾的是，這種縮減卻開啟了可能性。框架、參數、限制都能打通即興創作的任督二脈！這在音樂和戲劇的情況中多半是完全相同的，而且屢試不爽——即興創作不可能憑空出現。

有一種框架是透過「刪去全部可能性」而建構起來的，是創作家獲得某種可能性的推手，是一種藉著刪去法進行「發現」的環境，是戲劇即興表演的提示，是爵士樂手創作反覆演奏旋律的基礎，是進入不確定性所需的框架和背景。它與譚恩美的宇宙論，甚至艾米．班德與她的椅子之間的實物形體連結，實際上是不同的，但並無本質上的區別。限制、法則和約束，是開啟發現之門的鑰匙。

搭數位原型順風車

新技術以及新科技的運作方式，對設計過程有何影響？我打探一下所有與我交談過的藝術家和設計師的意見，他們認為「數位創作」可能會改變這個對話。他們異口同聲地表示：「搭數位原型這班順風車，我可以用更短的時間完成創意！」或者大多數人的心聲則是：「這是一個不一樣的環境，因此我可以用全新的眼光來看待。」還有一種觀點是：「數位的實質性和重要性發揮了很強的作用，讓一切變得大不同。」

瑪姬．亨德莉在這方面的論述尤其有說服力。她心目中的建模是一種「模仿理解」的東西，對她來說，數位創作讓另一種不同的建模方式得以成立；但她下一秒又坦言，數位創作也不過是另一種可以用在創作上的畫布。她本人就是數位工具的設計師，因此她的觀點發人深省；「我們在數位世界裡思考『這些使用者是為手機、螢幕還是實體環境』而進行設計時，我們稱它們為畫布——我一想到這個場景就雙眼發亮，覺得好玩極了！我想知道我們是如何設計數位工具的，這個模型是以設計師或藝術家的工作過程和思維習慣為根據的。」

換句話說，像亨德莉這樣的設計師，首先要研究創造力的習慣和過程，並讓這些習慣和過程為正在建構的數位工具提供資訊，她的注意力集中在數位世界提供的三大要素上——存取、協作和版本化——所有這些都能幫已經存在的創作過程錦上添花。任何擁有筆記型電腦的人，都可以進入圖象創作、影片創作和音樂創作的世界。團隊中有了數位設計師，無論他們身在何處，都可以在瞬間進行合作。數位科技的便捷性是通行證，就算創作「多個版本」也能一把罩，可以對模型進行測試、改進或淘汰。

我試圖將虛擬實境（Virtual Reality, VR）作為一種可能，對創作過程產生重大影響的技術進行研究。不妨想像一下，戴上虛擬實境眼鏡，透過虛擬方式，走進設計師為建築、汽車或體驗所打造、設計好的模型。我與亨德莉談到這個主題時，她提到了表演理論和舞台設計。她的論點是，互動設計師需要了解大家是如何在空間中移動的，包括「伸展、伸手、觸摸、輕觸、縮放、移動」。這種理解讓他們成為更上一層樓的虛擬實境體驗設計師。但這種技術帶來的體驗過程有什麼不同？答案是存取、協作和版本化。雖然我們可以藉由虛擬實境框架，以全新的方式來理解物體和運動，不過創作的基本要素——繪製草圖、建模、原型設計、協作——卻似乎絲毫沒有被改弦易轍過。

五

即興創作——現場演出與流動一脈相連

「隨機應變、見招拆招，比有板有眼、按部就班要來得容易許多。」——米勒德・富勒（Millard Fuller）（1）

「從……自由聯想開始……直到出現一些讓你開始著迷的模式，而且，這些模式光是因為它們發出的聲音，以及它們可能迅速而有力地行動，就會引起你的興趣。」——大衛・莫利（David Morley）（2）

現場演出始終處於動態之中，它從來都不是固定不變的。表演可以事先準備、組織、排練和記憶，但由於它是即時發生的，存在於與觀眾的互動之中（無論觀眾人數多還是少），因此創作有時也會有所變化，甚至是以觀眾無法察覺到的微小方式變化。這種基本的流動性原則，對於任何探索創作過程的表演者來說，都是極度必要的，它為研究「求知而行」提供了另一個重要的背景與脈絡。

正如演員迪亞哥・馬塔莫羅斯（Diego Matamoros）一針見血地闡述了現場演出過程的看法：「對我來說，這就是要找到一種流動性。這種流動性具有可塑性，始終都可以隨著觀眾而延展，我們永遠不會因觀眾的反應而感到困擾，因為我們可以預見到這些反應。」在流動性、流暢性、可塑性、運動性，以及對意料之外的期待——這些都是在表演的世界中，「求知而行」的基本要素。

即興創作體現表演的流動性

即興表演是流動性的最純粹體現，而本身就是詮釋「創作／理解」關係的最有效方式。顧名思義，只有投入在即興表演中，才能了解即興表演的結果，也就是說，創作結果與創作是一體的，而勇於即興創作，就是去打造一個豐富的發現舞台。

不妨回想一下約翰・柯川（John Coltrane）的薩克斯風獨奏，或邁爾士・戴維斯（Miles Davis）在《泛藍調調》（*Kind of Blue*）這張專輯中的表現吧！對戴維斯而言，只有當他用小號吹奏出音曲的那一刻，他才真正理解了這首曲子。他幾乎是在第一次錄音時就完成了這張專輯。凱斯・傑瑞（Keith Jarrett）在一九七五年的科隆音樂會（Köln Concert）上，即興演奏了一場動人心弦的鋼琴樂曲之夜，當晚的錄音也成了一張暢銷專輯。在即興創作之前，傑瑞本人和觀眾都無法了解作品中蘊藏的激情與優美的音樂輪廓，要一直到他自己在當下即興創作出這些作品之後，所有人才能理解。

事實上，無論創作的時代和來源為何，殊不知我們每天欣賞的大部分音樂，都來自於藝術家的即興創作。正如已故音樂家杰夫・普萊斯廷（Jeff Pressing）所言：「在全世界音樂傳統中，作曲家和演奏家不僅是同一個人，而且在不同程度上，音樂都是在演奏的瞬間被創作出來的。」（3）

我們通常不會將西方古典音樂與即興演奏聯想在一起，但從中世紀（medieval times）到浪漫主義時期（Romantic era）出現的許多音樂，都源自於偉大的即興演奏傳統。巴哈、韓德爾、莫扎特：他們都以即興創作和揮灑自如、靈活敏捷的即興演奏而聞名於世。貝多芬剛到維也納時，即展現出精湛嫻熟的即興演奏技巧，並在成為作曲家之前，就先以即興演奏家的身分嶄露頭角。蕭邦和李斯特都是不折不扣的即興演奏家，他們的作品往往只在樂器上以及在當下的演奏即興形成。他們需要「演奏」才能「理解」自己創作出來的音樂。

印度古典音樂也包括即興創作元素，這些元素是印度古典音樂創作不可或缺的一環。這個傳統的目的是，確保即興演奏一直都是表演的一部分。拉格（raga）的概念就是一個很好的例子，拉格是由多個音符（至少五個）組成的多樣化旋律結構，它是一個音樂框架，在這框架內，表演者可以即興創作音樂的序列和音調。印度音樂家認為，拉格（這個詞在詞源上與色彩或情緒有關）是喚起聽眾某種感覺的一種方式，這種感覺象徵著季節、情感或時間，但這些感覺才是演奏者即興創作的產物，對感覺的理解只在創作過程中產生。

即興創作音樂也有框架

英語的「即興」（improvise）這個字源自於拉丁語「improviso」（意思是「未預見到」或「出乎意料」），它本身是由否定前綴「in-」和「provisus」（意思是「預見」或「提供」）所組成的，因此，即興就是進入不可預見的世界，並面對意料之外的事情——當然，這種體驗也是本書的核心真理原則。但我從與即興表演者（無論他們從事哪一門藝術或專業）的交談中了解到，我們常常誤解了什麼「能提供」和什麼「不能提供」。

可以肯定的是，很多東西都是沒有定論的，但事實上，創作要能浮上檯面，也有一些必備的條件。即興創作以及「求知而行」大致來說，也許是出乎意料的，但它們並不會、也不可能在沒有結構或脈絡的情況下出現。創作不可預見的東西，需要有一定的條件和準備，像是技能、專業和經驗，而即興創作本身的框架，說不定是最重要的。

框架可以是很多東西——音樂結構（拉格就是一個例子）、一種情緒、大調或小調，甚至是像喬治．蓋希文（George Gershwin）的《夏日時光》（*Summertime*）這樣的曲調，它可以作為邁爾士．戴維斯獨奏旋律的背景。

在相同的脈絡下，戲劇即興創作的框架形式，可以是一種情境，也可以是空間和時間中某一時刻的細節，還可以是語言和角色、情感，或參與的範圍。框架可以出現在創作之前（例如蓋希文的曲調，或戲劇即興創作的細節），也可以貫穿創作本身時出現（譬如在下文中顯示的那樣）。

框架與切入點的不同之處，並不在於時間順序（也就是哪一個會先出現），而在於它們在創作中發揮作用的方式。切入點只是一種衝動、一個問題、一種實際上存在的東西，而框架則是創作過程的背景和結構，這兩者對即興創作過程來說，都是必不可少的。

鋼琴家法蘭西斯．馬提諾是我在第一章中提到的一位多才多藝的教師，即興創作就是他的工作核心。他分析他在演奏中創作了鋼琴獨奏曲的過程：「我坐下來彈奏時，對自己會彈出什麼，根本毫無頭緒。這是我喜歡的方式。像凱斯．傑瑞所說，你一定要在音樂會前完全清空自己，這樣一來，在開始演奏時，你就完全沒有任何先入為主的想法——接下來我們就會豁然開朗。一旦有了先入之見的觀念，預想要從哪裡先著手，如此一來就會限制你的行動，而我完全同意這一點！」

在馬提諾的作品中，切入點不是一個問題、一個想法，甚至不是一種情緒——至少不是有意識的。相反的，他「清空」自己，為在演奏中與鋼琴互動做好準備。不過，馬提諾特別說明，即使他「清空」了自己，「也並不代表抹去了形式。」這種區別很微妙，但卻非常重要。他開始時沒有概念，也沒什麼了解，然而一種結構、一種框架，即他所提到的「形式」，在他進入創作的一瞬間就出現了。

事實上，框架是透過演奏而產生的，馬提諾要求自己作為一個「傾聽創作中的音樂」的人來發現這種框架，按他的話來說，「一旦音樂素材向我們展示它自己時，我們必須保持高度警覺。」

「一旦音樂素材向我們展示它自己時，要高度警覺，」我重覆了一遍他這句話，「能不能更具體解釋一下，它是如何對你產生作用？」

「當我演奏的時候，我會選擇一些『我想以某種方式回歸』的內容。」馬提諾把他的意思再講得更清楚一些：「這是關於主題和變奏這一類的想法。它在演奏中出現，但又要投入一些心思去注意它，我必須記住它，但又不能停止演奏。」在這裡，我們看到了即興音樂在以時間為基礎的結構和演奏情境中，能夠發掘出的魅力所在。演奏將音樂展示給了演奏者，並激發了演奏者繼續演奏。「音樂在不斷演化，」馬提諾接著補充，「在發展的過程中，我需要非常專注在，我認為音樂裡更有質感的東西。」

「你抓住什麼東西了嗎？」

「沒錯，我抓住了什麼。但一開始我不知道它會是什麼，我必須在演奏時注意到，自己到目前為止創造出的最吸引人的東西是什麼。」

「它之所以吸引人，是因為它能激起你的共鳴嗎？」

「它之所以吸引人，是因為它扣人心弦，它的美遠勝過我迄今為止演奏過的任何曲目。」馬提諾對那份美念念不忘，他邊演奏邊回憶那個情境，他仔細推敲，並在其中找到變奏。最終，他的演奏過程在自發性、記憶、對創造形式抱持開放的態度這三者之間取得了微妙的平衡，「一切都在當下，純粹是記憶幫助你在演奏時創作出音樂，賦予它一種形式，並幫助你全神貫注在演奏出最好的部分。」這位即興表演藝術家，在轉瞬間即時打造出了一個框架。

馬提諾描述的經歷，與獲獎無數的音樂家庫寇特・史威漢姆（Kurt Swinghammer）的反思形成了鮮明對比。史威漢姆與我談到，他參與名為「不露面的巨大力量」（Faceless Forces of Bigness, FFoB）的樂團中的經歷，該樂團自稱為「電音團體」，近二十年來一直「在即時即興創作的範圍內探索生成式作曲」。

起初，史威漢姆對我陳述他的經歷時，聽起來跟馬提諾的經歷相差無幾。他說：「對於我們湊在一起究竟會迸出什麼火花，團員其實沒有先入為主的想法。這是一個『只相信你的直覺，並且根據你的反應做決定』的例子。我的耳朵捕捉到一些聲音，我無從得知接下來會發生什麼，但我對它有所回應，你只能回應並且予以掌控，努力讓這些聲音變得悅耳動聽！」

他每年只有和 FFoB 合作演出一次，因此不會因為彼此太熟悉，而讓一切變得習以為常。這種不頻繁的合體，「讓我們能完全保持新鮮感，也沒有足夠機會讓演奏陷入固定模式。我認為，一旦你不知道會發生什麼事，而且不再依賴肌肉記憶和熟悉的和弦變化，不陷入重複自己的模式，這才是貨真價實神奇力量會發生的時刻。」

當我詢問史威漢姆他的框架如何出現時，他一開始有些猶豫，並在這一點上跟馬提諾大相逕庭：「事實上，我真的沒有任何框架。因為沒有和弦變化會提供你『在音階和其他方面要進行些什麼』的那種訊息。」史威漢姆把他們樂團這種作法跟爵士樂擺在一起對比，他認為在爵士樂中，結構確實要多得多，「許多爵士樂其實都是從正規的學術傳統裡孕育出來的，這些傳統確切了解演奏的每個音符的和弦變化。」史威漢姆跟 FFoB 同台演出時，進行的是一種被稱為「自由即興演奏」的過程，他的見解是：「自由是因為沒有和弦牽制你，這樣很容易讓音樂聽起來雜亂無章、一團糟。」

史威漢姆告訴我，他在「自由即興演奏」方面的經驗，對於他多年來與另一個名為「CCMC」的樂團的合作也很重要，這個樂團是由視覺藝術家暨音樂家麥可・斯諾（Michael Snow）所帶領。該樂隊自稱是「一組致力於即興創作的自由音樂路線的樂團」。提到該樂團的文章，在以下描述中明確指出了這一點：「CCMC 既能醉心於把玩樂器或是演奏旋律，也能自在地駕馭又嘈又吵的電子音樂以及奔放的瘋狂搖滾樂。從最真實的意義上來說，CCMC 是忠於即興自由音樂的聲音探索家。無論是旋律、寂靜、流派、音量還是樂器，CCMC 都不受任何限制約束。」(4)「聲音探險家」以及「在音樂上不受任何限制」的創作者，是否仍然在某種框架內運作？所謂的「自由即興演奏」的極端性質，為探討「框架」問題，提供了一個富有意義的背景脈絡，史威漢姆則提出了兩個特別的想法來解決這個問題。

第一個想法體現在，他認為 CCMC 在進行聲音探索中產生了「具有質感的聲音」。第二個想法，則與合奏以及需要與他人共同創作出音樂有關。從我與史威漢姆的對談中可以看出，這種即興演奏一般並不會採取一種形式——就像馬提諾的鋼琴獨奏那樣，捕捉了「優美的主題」。然而，就即興創作的框架而言，它卻產生了某種等同的東西：「質感」。這種有質感的聲音，至少部分來自於它厚重的電子音效。

此外，這種集體即興演奏，還在樂團成員之間產生出一種必要的「行動與反應」框架，這兩個框架同時運作，使即興創作得以實現。聲音的物質性（質感）打造了第一個框架——儘管它可能是鬆散的。史威漢姆跟這種物質互動，就像安・漢彌爾頓跟空間互動（以及即興創作），或馬提諾與音樂的美感、魅力互動一樣。

質感本身的作用就像旋律或主題一樣，成為創作和演奏框架中的一個附加的核心要件。跟樂團合作勢必需要架構出框架，使集體合作過程成為可能，否則實在難以想像，在沒有構築出框架下實現集體創作過程。正如史威漢姆所下的結論那樣：「我們基本上是用『在集體中的個體』這種方式，來策畫我們的音樂調色盤，意圖共同創造出一種東西——聽起來像音樂的東西。」有質感的聲音、協調的表演、與觀眾的現場互動、對各種情況的反應——所有這一切，即使在看似「自由」的創作中，都構成了創作的結構。它們是構成即興創作中可能包含的各種元素，這對於創作來說，則是必不可少的。

史威漢姆進一步談到創作這些即興聲音作品的過程。他談到了一種規矩，一種對即興（自發性）的刻意開放（類似第二章戴安娜・席爾特的裝置藝術和電影作品中的情況）。對史威漢姆來說，這種規矩、準備和接受狀態，助長了一種發現的方式：「我的確認為，這種狀態容許我讓一個神奇的事物發生，這就像在生活中出現了奇妙驚喜的巧合，是你意想不到的，你必須做好準備，讓它們發生，你不得不退後一步，以免反倒成了阻礙事情發生的絆腳石。它總是讓人感覺有點神祕，神奇的是，它讓能量顯現出來。這聽起來有點了無新意，而且我在其他領域的生活中並沒有這樣的一面，但在表演中，卻感覺有點巫術的味道。」在本章的主題中，對史威漢姆而言，這種準備狀態本身就是另一種創作框架，而它會透過即興表演，在深層的個人層面上發揮作用。

看起來或「感覺」上，一個人似乎可以在擺脫任何結構的情況下進入創作過程，但在創作過程中，始終存在著一種規矩以及構成要素，或者一種基本語法——即文字、圖象、聲音、音符、材料和合作規則。身為創作者，我們會傾向於結構，我們會分門別類，我們喜歡標記、分組和組織模式。

框架的結構元素是為了一些具有深層動機的藝術家而出現的；而對另一些藝術家來說——比如譚恩美和法蘭西斯・馬提諾——框架的結構元素則是透過創作本身來展現的。即使在最開放、最自由的創作過程中，包括自由聯想、自由即興或意識流寫作（stream-of-consciousness writing），我們一向也都是在某種或寬或窄的框架中進行創作。

即興戲劇的框架

二〇一八年夏天，演員暨導演保羅・桑塔盧西亞（Paolo Santalucia）執導了一齣即興戲劇《入口與出口》（*Entrances and Exits*），這是一個有趣的例子，說明了戲劇即興表演能揭示什麼是「求知而行」——至少「執導」即興表演本質上，是為即興演出創造一個框架。

「我實際上只是對一些形式上的東西提出了一些建議。」桑塔盧西亞告訴我，「還有，就是即興演出的演員並不喜歡排練。」這些評論本身就很有趣，值得關注。但首先，我們需要了解一些關於《入口與出口》本身的具體細節。

「這場演出是源自一齣鬧劇，」他解釋道，「前二十分鐘的戲發生在一個客廳裡，節目主持人請觀眾猜一猜有一群人聚在一起的原因。這場演出要求觀眾說出，在這樣的聚會上，觀眾最不想聽到從隔壁臥室傳來的三種聲音。

《入口與出口》（2018）演員陣容，保羅・桑塔盧西亞導演。

舞台上有一張沙發，還有一扇門通往臥室。第一幕是在客廳裡即興表演聚會。」

「隨後，演出場景換成到臥室，那座沙發是拉開式的，可以變成床。他們從頭開始再把所有動作再做一遍，不過這次觀眾是從之前的舞台外空間看到整個過程，這一切都是即興創作。跟我合作的團隊都是一時之選！」他停頓了一下，跟我坦白說：「你知道，有時候這個演出根本沒辦法產生什麼效果！」他沉吟了一下，念頭一轉，然後他又開始興奮不已：「不過當它真的成功的時候，真是棒透了啊！」(5)

在我與桑塔盧西亞對談時，我迅速地有了幾個想法，而這些想法，揭示了即興創作中的各種框架。首先，我對他的觀察感到好奇——他注意到演員對排練、對抵抗任何可能影響實際表演的即興特質的事物。跟我所洽談過的許多其他藝術家和設計師一樣，演員大多抗拒任何可能會讓他們的作品「內容固定不變」，或導致他們對習慣產生依賴感的東西。他們都會大義凜然告誡自己，要警惕固定常規造成的危險。

另一方面，桑塔盧西亞也很清楚，框架仍然是一種必要的「條件和準備」，在這種情境下，導演的工作不是設定任何東西，而是幫助演員找到一種結構，來創造意想不到的東西。再次強調，結構與即興之間存在著一種生成關係。

舉例來說，想想桑塔盧西亞為客廳裡的聚會和臥室裡的活動所發展的情境框架。我想知道他這個情境框架是如何運作的，他提到了「限制與約束」，上一章中討論過這個概念，它是創作的催化劑，同樣的原則也適用於戲劇的情境。桑塔盧西亞說，即興創作之所以能順利進行，部分原因在於，「演員曉得他們要扮演什麼角色，而這就來自於設定好的限制與約束。」桑塔盧西亞制定了規則，打開即興表演的可能性，「這些規則讓每個人都有大展身手的自由，因為他們知道自己的責任是什麼。」規則的限制與約束，激發創造了激情。

聽了桑塔盧西亞這番話，我則回想到史威漢姆「自由即興」的體驗中似乎缺少了規則。我意識到桑塔盧西亞的說法為我們提供了另一種角度，去認識「框架」在音樂情境中的功能。換句話說，音樂自由即興合奏只能透過現場表演中的一些交流規則來運作，聲音是在質地的限制與約束下產生的，而質地的限制與約束又引導著音樂出現。規則與約束，是其中框架的材料。

在桑塔盧西亞的作品中，客廳和臥室的情境背景建立了一種動態的視角，證明了另一個框架是在這種組合中運作的。由於第二個場景緊接著第一個場景出現，因此這個演出形成了一種功能性的層次。臥室裡的行動始終都與客廳裡先發生的事情聯繫在一起，而且始終對第二個場景造成限制與約束，這是演員需要帶進創作意識的一種現實。這種互換就好比馬提諾在鋼琴演奏中會記住「美麗的主題」，並希望能透過記憶和變奏曲召喚回來（即使他已經在演奏中也不例外）。

這齣戲劇作品的即興創作者，在即興表演第二個場景時，同樣必須帶著對第一個場景的記憶。觀眾本身也在觀賞過程中，反映了這種不斷發展與變化的動態，他們會在一個場景的直接體驗中回想起另一個場景。對表演者來說，即興創作和記憶的結合構成了一種創作框架，流動的演出同時，又受到結構性的約束，這就是「求知而行」在現場劇場創作中的體現。

另一個重要的框架是藉由觀眾的參與來運作的，觀眾從一開始即提出想法，並成為創作過程中的合作夥伴。透過這種方式，《入口與出口》採用了一種相當巧妙的策略：假設沒有旁觀者捧場（但是在這種情況下，就算不上是即興創作了），觀眾藉著演員的啟發，直接參與了框架的建立過程，因此，他們是合作夥伴。這種創造性的參與，縮小了觀察者和被觀察者角色之間的距離，而隱含著對作品、「在作品中」的默認與忠誠。

從觀眾的角度來看，提供表演者無法預知的想法，可以保證觀眾即將看到的是真正的即興創作。它保證了演員即使是在事先確定的背景下，也是在當下進行創作；參與其中的觀眾將不再懷疑某些事情是經過排練和計畫的，觀眾即可在即興自發創作的過程中發現驚喜。

另一方面，從演員的角度來看，這部作品是在與觀眾的真誠連結中展開的，觀眾相信眼前的一切都真實可信。對演員來說，與觀眾的積極互動會影響作品的品質——許多我採訪過的表演者在訪談時都提到了這一點。因此，至少有兩個框架：情境框架和合作框架在同時運作，演員和觀眾同時參與其中。

最後，正如桑塔盧西亞明確指出的那樣，「有時它（演出）並沒有什麼效果。」我認為這是十分重要的一點。前面幾章討論的藝術家和設計師從未像這些演員那樣，以某些方式去面對現場觀眾。但跟那些藝術家和設計師一樣，即興演出中的演員有時也會失敗，這是「求知而行」一個很自然的過程。失敗可能是指演出平淡無奇，原因可能是劇團溝通不暢，或者是選角不當，抑或是發生在劇場命運的任何原因，也很難說。一方面，演出失利本身固然會讓人感覺糟透了；但另一方面，演出失敗的風險本身，也賦予了演出一種能量和生命力。這是固定的表演所無法具備的。

我並不是指經過精心排練和準備的作品會少了即興／自發性，或者失敗的機率微乎其微，這類作品確實偏向如此，但即興一直是現場表演的活力所在。關鍵在於，失敗的風險是即興創作的素材與養分。即興表演隨時都有崩壞的可能，而這種危險會為表演帶來特殊的能量。

在許多方面來說，即興創作都能讓「求知而行」的過程變得更具體明朗，即興創作既有可能大放異彩，也有機會一敗塗地。即興創作充滿戲劇性、引人注目、令人興奮，而且是一片沃土，它可以讓我們發現原本不可能會發現的東西。

肢體是通往「知曉」的橋梁

我有個機會能與莉亞・切爾尼亞克（Leah Cherniak）在一個非常特殊的背景下討論即興表演。她是一名演員、導演和教師，曾在巴黎賈克樂寇國際戲劇學校（L'Ecole Internationale de Théâtre Jacques Lecoq）學習「小丑」表演。雅克・勒科克（Jacques Lecoq, 1921~1999）是這所學校的創辦人，他是一名法國演員和默劇演員，教授一種非常具體的肢體表演方法。然而，當我採訪切爾尼亞克時，特別吸引我的是，賈克樂寇國際戲劇學校的培訓計畫裡，利用面具來輔助即興創作和發現。正如她所解釋的那樣，其中的運作規則是：透過停止臉部表情及語言表達，身體得以完全自由地表達和即興發揮。

「勒科克一開始採用的方法並不包括文字和語言。」切爾尼亞克說：「勒科克一直對通用手勢（universal gesture）感興趣，你知道的，這種手勢在今天是有爭議的——會有這樣的東西嗎？我最後終於了解，勒科克所指的是，尋找什麼是通用手勢，以及這種手勢在不同文化之間有什麼差異。這在探索『人類的潛在普遍性』上是一個很好的開始，這也正是他一直在尋找的東西。這種普遍性通常體現在肢體上，而不一定是用語言表達出來的。」

賈克樂寇國際戲劇學校表演者會戴上「中性面具」，切爾尼亞克解釋說：「這是一種拓展身體潛能的方式。」她也很快對「中性」這個字眼展現出相當謹慎的態度：「說它中性是有點誤導，因為中性並不是什麼都沒有。」這種糾正很有啟發性，與漢彌爾頓的「反應場所」相呼應：「這實際上是在創造出一種超高度準備狀態（Hyper-availability）。」面具將表演者帶入一種準備狀態，讓身體去理解它自己的「可用性」。

中性面具的範例，最初由義大利雕塑家暨詩人阿姆萊托．薩托利（Amleto Sartori）於1958年為雅克．勒科克創作的中性面具。

「這些都是即興創作的技巧嗎？」我提問。

「對啊，它們都是，但我需要澄清一下，對勒科克來說，它們主要是訓練技巧。它們是訓練演員、訓練創意作品或角色的創作者工具。愈是這樣訓練，身體就愈可以不費吹灰之力、就像本能的反應一樣變成創作的媒介。」

我可以體會在這種情況下，訓練和實際表現之間的差異，但不露臉又不出聲所帶來的後果，才是我真正感興趣的地方。這位偉大的法國老師發明了一種做法，即透過減少其他表達形式，來找到某種表達形式的深度。藉由消除那些可能阻礙身體充分表達的因素，來發現身體所知道的東西。一種元素的「中立化」，可以透過另一個元素產生創造性的機會。

「我認為，一旦你無法用表情或語言來解釋『你正在做什麼』的時候，」切爾尼亞克表示，「你一拿掉已經習慣使用的表達工具時，當你突然沒有這些工具，這時候你就會接觸到其他的東西，而且，大多數情況下，你會對從你自己身體裡展露出的東西感到非常驚訝！」中性面具為肢體即興表演建立了背景和框架。

波蘭的大導演耶日·格洛托夫斯基（Jerzy Grotowski）在他一九六八年出版的《邁向貧窮劇場》（*Toward a Poor Theatre*）一書中，提出了一個具體的術語，來形容「藉由消除來尋找表達」的想法：「否定之路」（Via Negativa）。勒科克自己也刻意採用了這個概念。葛羅托斯基的興趣在於尋找一種「本質戲劇」（essential theatre），一種「沒有任何無關緊要的東西」的戲劇：「在戲劇中接受貧窮，剝離一切非必要的東西，不僅讓我們看到了戲劇這個媒介的基礎，也揭示了戲劇這個藝術形式本質中的深層財富。」(6)

這種同樣是在尋找本質——也就是因為「剔除」而產生了「財富」——的嘗試，在經歷「否定之路」的表演者作品中尤其顯而易見。一如葛羅托斯基明確指出的那樣，「否定之路」指的「不是一大堆技能，而是消除掉障礙的過程」(7)。

勒科克和葛羅托斯基所教導的是一種思考創作／理解關係的方法，這種關係因為障礙的消除而誕生，是一種「使表達成為可能」的減法過程。根據我的親身經歷，我記得我在就讀史丹佛大學時的一位歌唱老師，她也堅持這樣的歌唱哲學。她深信，歌唱就是要消除阻礙聲音表達的障礙，她教導學生要解放自己的嗓音，方式則是「消除會限制嗓音的身體和情緒障礙」。

對葛羅托斯基而言，「消除障礙」是一種「求知而行」的策略。他用與即興表演相關的時間術語來解釋這種策略，他的技巧是為了縮短時間，希望表演者「擺脫內在衝動與外在反應之間的時間差」，即「衝動與行動同時發生」，他認為創造力是身體的反射，而不是知識的發現。他把用身體思考比作驚訝萬狀的瞬間，他在表演者身上尋找的是在「心靈震撼、恐懼、致命危險或欣喜若狂」時刻裡的反射性表達。(8)葛羅托斯基（和勒科克）提供的創作方法，披露了身體以及身體反射所可能知道的東西。

不過，我還想補充一點，將「否定之路」或「中性面具」這樣的想法推廣到其他創作領域，也不是什麼大膽嘗試，我想到的是蕾貝卡・曼德斯提到的，在她的藝術和設計創作過程中，把主觀意識的「篩選機制去除」。我更想起了安・漢彌爾頓在打造裝置藝術時培養的「未知」態度，此外，還有馬提諾（和傑瑞）將「清空」作為音樂藝術作品形成過程的一種思考方式。在我看來，這些方式都是毫無二致的。

我有個十分精采的補充，這來自於我與切爾尼亞克關於中性面具的對談中：我對面具的外向性感到好奇，大家都認為「中性化」會影響「感受它的人」（觀眾），而不是「用它來演出的人」（表演者），但其實後者更會受到影響，為什麼呢？

「因為你無庸置疑感覺到了這種變化，」她告訴我，「你感受到面具在你臉上的力量，你看著它，觸摸它，感受它，然後戴上它，而且你也知道規則，主要規則是：你正在試著找到合適的身體來戴上面具。」對於勒科克來說，身體擁有許多我們多半不會使用的資訊，尤其是作為創作者和製作人，「『理解』是一個讓人陶醉的用語，」切爾尼亞克主張：「一聽到這兩個字時，我會立刻進入思考的過程，但事實並非如此，肢體才是通往理解的橋梁。」

然後，最令人好奇的是，切爾尼亞克指出：「你戴著那個面具，進入了另一個狀態。我就看過，當有人摘下面具，當勒科克或學校的老師最後拿下面具時，他們的臉看起來判若兩人。就好像他們曾經進入某種奇怪的狀態！這是一種革命性的變化。」

在學習中性面具所帶來的知識之後，在勒庫克的世界中，演員繼續使用具有更大特定性的角色面具，也就是能表達特定情緒的面具，像是快樂或悲傷、困惑、喜悅、嬉戲、瘋狂、欲望。正如切爾尼亞克指出的那樣，表演者透過與中性面具的工作，來探問身體的能力，是一種發展中的技能；接著轉向表現更具體特徵和情感的面具，延續了這個軌跡。現在臉部／面具成為一個主動的元素。藉著「使用中性面具來喚醒肢體」的這種技巧，她已經駕輕就熟，她改成在表演時面具不離身，利用「代表著明顯具體特色和情緒的面具」持續成為趨勢，面具成了她演出的重要配備！

切爾尼亞克認為，大家可以經由角色庫中最小的特色面具——小丑的紅鼻子——來理解創作的下一個層次。對她來說，鼻子既是催化劑，也是實現個人化的背景，「小丑的鼻子是一個面具，它要求你利用自己的一部分，這可能會讓你同時變得既脆弱又堅強。紅鼻子是一種內在存在的地方，一種人性存在的地方。」因此，她告訴我，紅鼻子引領她進入即興表演的創作，進入一個誠實的境界——在脆弱和堅強的框架下，那份誠實所產生的小丑幽默。

切爾尼亞克描述她如何向演員傳授紅鼻子的潛力：「最初的第一項練習是不戴鼻子，光站在觀眾面前就好。你看著觀眾，說出自己的名字，然後你離開。這是被人看到的第一層，它會讓你進入另一個內心世界，一個不那麼設防難攻的地方。然後你戴上鼻子，站在觀眾面前，你被要求什麼也不做，只是看著觀眾，而且也被觀眾看著。觀眾有時會笑、有時會哭，有時會閉上雙眼。重要的是，你要努力讓自己置身於這種體驗中，認識到你和觀眾之間存在著一種能量。這是跟那個小鼻子有關的事情，那個小鼻子有著某種力量，能夠剝去某些東西，說不定這會讓你覺得有點可笑，有點被人看見了——真的被看見了——所有這一切都來自這個小小的紅色面具，這個紅色的圓形面具。」

切爾尼亞克深信，戴上紅鼻子後，表演者接下來的工作就是即興發揮，並去了解會發展出來和演變下去的小丑的性格。「你必須從了解你的小丑開始——這個小丑是什麼，這個人是誰？它永遠是『你是誰』的延伸。你透過這個鼻子來塑造自己，你很清楚自己看起來改頭換面了，也能領悟到自己看起來可能並不像自己想要的那樣強壯。你用鼻子來塑造這個小生物，你即興發揮。等到塑造好這個角色之後，你才能夠真正了解它。」

對大多數人來說，小丑鼻子可能是完全陌生的元素，沒有人會想到它可以成為一種創意表達或認識自我的方式，但它顯然具有一種力量，「它改變了你的處世之道，」切爾尼亞克透露說：「哪怕只是短時間的，或者更長時間的，或者永遠的，這取決於它對你的內心影響有多大。對我來說，這是因為這種體驗是在身體內部進行的，這就是為什麼它如此具有變革性。」一切都是來自於一個小小的紅鼻子。

在戲劇世界中即興創作角色

現在，我們倒是可以把小丑的鼻子以及它作為即興表演角色的框架功能，還有演員扮演已經編寫出來的角色，這兩者進行有趣的比較。演員要如何進入並建構一個已經寫好的角色表演？首先我要說，表演風格、理論和定義是很多樣的，這裡的方法只是反映我的訪談，並推斷出一些明確的原則，即演員如何利用即興表演去認識角色，以及如何表達他們在表演的「求知而行」背後的想法。

對身為獎項大贏家的演員麥可・拉斯金（Michael Laskin）來說，戲劇角色的塑造都是從文本開始的。有趣的是，這位演員對文本的處理方法，與小丑使用小丑紅鼻子的方式有些相似：「一旦我了解了文字，而且把它視為很自然的習慣，我就可以開始以更加受到情感和角色帶動的方式，來沉浸在文字中。但我必須先了解文字，我的創作過程是由外而內，憑直覺的時候要多得多。」

拉斯金接著聊到了他在西北大學讀書時的一次經歷。有一次在創作之前，他發現了一套服裝，這套服裝為他所扮演的角色提供了一個框架，這次經歷強化了他「由外而內」的取向：「我穿上這件大衣，看著鏡子說：『噢，好耶！搞定！就這樣！這就是他了！』對我來說，『那一刻我整個人茅塞頓開！』這些人都在從內往外撕裂自己，挖掘出他們自己童年可怕的心理陰影，但是我光是穿上一件大衣就統統沒問題了，而且我心想：『嗯！這樣就凡事都說得通了。』」

「然後這樣那個角色進入你的內心世界了？」我問。

「它會完全進入你的內心。我穿這件大衣的方式改變了我走路的方式——對我來說，它影響了一切，這正是我本能的創作方式，我是從外在開始的。」在這之後，即興創作就可以開始了！

相比之下，演員拉寇兒・達菲（Raquel Duffy）對我的解釋是：她非常刻意地不從學習台詞開始，她認為過早背誦台詞可能會限制她的創作。在某種程度上，她在準備過程中清空自己：「我不喜歡事先背好台詞，因為我可能會依賴一種先入為主的表達方式，或者先入為主地認定場景應該如何發展。」她還擔心，太早關注自己的台詞，會使最初的排練過於注重背誦，而沒有充分考慮到她需要在當下發現什麼，「我沒有認真傾聽別人對我說的話，因為我太擔心我的下一句台詞了。」

達菲是那種「實際上需要涉足於一種未知空間」的藝術家之一，「我認為，無論對我來說創作是什麼，都必須來自一個『我不認識』的地方。我只有疑問，而愈是從這個地方出發，我就愈能感受到一種流動感。『質疑』和『在沒有答案的情況下』進行創作的過程，對我來說是最有價值的。」達菲的框架是在創作過程中形成的。

耐人尋味的是，達菲進入排練室後，開始全力投入的方式，不是在思考層面上，而是在空間和身體層面上，「這跟感受我到的身體與其他演員的關係，或者我在舞台上的位置的感覺對了有關。」她非常清楚什麼時候感覺對，什麼時候感覺不對：「這是一種感覺，這是一種感官體驗，我腦袋裡對一切毫無所知，那純粹是一種對的感覺！」對達菲來說，在排練中塑造角色，就是獲取身體所知道的東西，這是透過身體、藉由在空間中的運動來發現的。

拉斯金從外界去了解角色；達菲則經由在空間中的身體來了解角色。

有趣的是，達菲在早期排練時很小心，不讓任何太具體的東西成形。她在開始階段的創作，需要努力堅持保持開放的承諾，繼續持續發問，保持靈活、試驗與即興創作。「我不想要任何具體的東西，因為它會固定，我覺得這會把我太早固定成一種樣子。」她談到了保持開放所帶來驚喜的美好感受：「它不知道是從哪裡冒出來的，不是預先設想的事情，但發現那種驚喜的感覺妙不可言！這往往不是在我計畫中的，也不是我想在排練時嘗試的。」

隨著我們繼續往下訪談，達菲講到了她在創作過程中吸收了各種元素。透過排練，分離的片段開始成形，走位和動作模式不斷演變，最終，用她的話說，她有了一種「我創造角色的歷程大綱或地圖，包括其他人正在創造的角色」的感覺。這些建立起了進一步的限制和約束，並成為她作品的框架。

她認為第一次順排（run-throughs）劇本是發現的關鍵時刻，「我開始了解這部作品，第一遍順排並不是最好的，但這是我了解這個角色心路歷程的時候。」她提到這只是大致的作法，不過也是找到節奏的另一種方式。初稿破碎又不完美會需要「修改」，或者，正如我們從作家那裡學到的，必須進行下一次修訂與調整。第一遍順排是另一個框架，會比之前的框架更加緊湊，而且是進一步創作、進一步即興演出的背景，用設計的語言來說，這是一個建模階段，因此也具有建構的作用。這是一種縮減，而矛盾的是，它為下一次創作版本的深度提供了更多可能性。

跟馬提諾一樣，在順排中，「一旦戲劇物質（向達菲）展示它自己時，達菲也必須保持高度警覺。」，因為它是即時發生的。「你就在那一刻，從一個瞬間到另一個瞬間，你必須屈服於那種狀態，並從那種狀態中學習。你必須臣服於它，不能因為某些事情不成功就停下來，要是這樣做，就會錯過接下來要發生的事情。」

從順排中有所斬獲後，達菲就會回到那些行不通的文字和時刻，那些她被卡住的地方。她會獨自一人或與其他演員一起參與這些時刻。他們從身體、情感、實踐和心理方面，即興創作有主題的構想與作品。我要強調的是，重溫文字的片刻，並非總是為了分析文字的含義或句子的內容，抑或分析自己在某個特定時刻在做什麼。這是一種本質上是即興創作的作品，有助於達菲傾聽，以及與達菲她自己的另一部分互動。

達菲繼續說到：「我做了這個名為圖象化的作業，我覺得這個作法真的很有幫助！我只看文字，選取一個字，接著我不一定用感覺，而是用顏色或圖象來表達這個字詞。這個方法跟句子表達的意思無關，它可以幫助我透過圖象打造個人連結，跟某些文字建立更加個人化的關係。」這是創作過程的另一個部分，一個繞開理性思考的部分。圖象的特殊性並不一定長久，「無論圖象早期會是什麼，你都會把它們扔掉，再也不會去想它們，我可能會使用一種顏色，可能是藍色，我可能會把它銘記在心，也可能會拋在腦後，但它可能會把我帶到另一個地方，讓我滿載而歸。」

達菲的創作過程還有另一個重點（這也是戲劇創作的基本部分），她堅持，在與表演空間的關係裡，在與一個或多個其他角色的互動中，甚至在第一次順排的背景和環境下，都要能有所「知曉」。這是個人創作過程，在更大的戲劇體驗背景和環境下的真實與美麗，是即興創作和製作的另一種框架。

具體來說，演員是更大的整體的一部分，這個整體的活動背景和脈絡被稱為演出，演員的存在與複雜的事物網絡有關，而且這個事物網絡還包括了觀眾。迪亞哥・馬塔莫羅斯在這一點，以及在他所謂的「事件」（the event）背景和脈絡下，「演員塑造」的核心地位方面，有著特別具有說服力的見解。

「很多演員一開始都會思考和研究角色，弄清楚角色的背景、教育，他們來自哪裡，所有史坦尼斯拉夫斯基（Stanislavski）的表演方法都是為了弄清楚背景。」但對馬塔莫羅斯來說，這種研究不能單獨進行，因為它無法涵蓋演員在事件中的真實情況。在舞台上的戲劇事件會同時包含多種元素：多種聲音（劇作家、導演、演員、角色等等）以及多種問題、議題和想法。他最想知道的是演員如何參與，或者用他的話說：如何「處理事件」。個人單獨準備角色，與戲劇的基本多重性是背道而馳的。

「你置身於一個真實中，或者一個被創造出來的真實中，這就是事件，你必須與其他人一起融入這個事件。在我看來，事件就是必須突顯出來的，這是我們需要傳達給觀眾的東西。因此，藝術家不僅要參與整個作品的內部，還要參與外部的環境、時間發展。」

正是在這樣的背景和脈絡下，馬塔莫羅斯明白了在創作角色時的「求知而行」。假如沒有事件的背景和脈絡（它是另一個清晰的框架），卻要出現完整的創作，是不可能實現的事！因此，直到進入那個世界之前，人們無法「知曉」。

馬塔莫羅斯更具體地探究了內部／外部的不斷演變發展，對這位演員來說，人物性格、文本、角色的特殊性都是陌生的。他認為：「你被賦予這些台詞，這是強加給你的，直到你弄明白，為什麼你要講出這句特定的話，而不是其他句話。這一開始是毫無意義的，你要嘗試不同的方法來打開思想或行動的大門——我說的是在文本之前就已經開始出現的東西。」

他以莎士比亞的《羅密歐與朱麗葉》為例——「榮譽是底線嗎？」對劇中的一些角色來說，「失去榮譽就等於失去自我！」而對另一些人來說則迥然不同，「這是羅密歐與朱麗葉這兩個角色，在他們所處的社會中，與其他人的差異。這個社會以榮譽為重，而羅密歐與朱麗葉則是愛情至上，因此這時問題出現了，因為底線不一樣。羅密歐與朱麗葉不在乎榮譽，他們會為了愛情奮不顧身，這就會產生出問題。」

馬塔莫羅斯無疑為莎士比亞戲劇的核心動態提出了有趣的見解，但我想在這裡強調的並不是對文本的批判分析，而是演員在塑造角色時所經歷的過程。一旦演員開始理解不同的「底線」，他們就會在更大的整體背景和脈絡下，理解自己的角色性格。「你必須在戲劇中看到這一點——這就是我所說的事件，你必須理解並替事件下定義，你會感覺到自己生活在什麼環境中，也能感受到自己在思考些什麼。」這樣一來，我們就能在創造性的框架中，理解個人的作品、個人的創作。這次不是蓋希文的旋律，也不是重現那些自發而美麗的即興段落，更不是對情境的勾勒，而是戲劇世界本身，一個演員在塑造角色時必須參與的世界，這個世界會隨著整體創作的發展和演變，納入故事的發展軌跡、布景、服裝、燈光、動作、語言和觀眾的多重動態，而不斷擴大。

「這一切都是隨著時間過去而發生的，欲速則不達，要是你操之過急，只能得到虛假的解決方案，而無法想到真正的解決方案！這與失敗或成功無關，而是要找到作品的意義，現場有一種戲劇感，有一種戲劇的真實感會被建立起來，觀眾也能跟隨其發展。」

即興創作戲劇作品

《傳聲筒》（*Mouthpiece*）是由多倫多「前引號後引號集合體」（Quote Unquote Collective）劇團的諾拉・莎達瓦（Norah Sadava）和艾美・諾斯巴肯（Amy Nostbakken）創作並演出的作品，她們創立這個劇團是為了「超越傳統和期望的界限而運作」。

該劇完全採取即興創作的手法，故事圍繞著一位名叫卡珊德拉（Cassandra，在神話中是被塑造成「遭受忽視的女人」的典型形象）的角色，她在努力為母親的葬禮撰寫悼詞的過程中，拚命尋找自己的聲音。兩位女性同時扮演卡珊德拉，透過文字、音樂和舞蹈來演繹這個角色的各種不同與相互牽制的性格，發言、尋找、掙扎。「傳聲筒」這三個字豐富與多層次的含義——包括代表別人發聲、撰寫悼詞、強加方向的約束，或限制、控制可能會透露出來的言語——都是引人注意與令人深思的。

該劇二〇一五年於多倫多首演，二〇一七年在歐洲和北美巡演（獲愛丁堡國際藝穗節〔Edinburgh Festival Fringe〕獎），二〇一九年在加拿大和美國巡演。電影導演派特麗夏．羅茲瑪（Patricia Rozema）還與諾斯巴肯和莎達瓦合作，創作了電影版《傳聲筒》，並且於二〇一八年秋季在多倫多國際電影節（Toronto International Film Festival）首映。

諾斯巴肯畢業於賈克樂寇國際戲劇學校，她的工作方式可以與之前莉亞．切爾尼亞克提到的即興肢體表演的精神相媲美。當我與她談論這部劇的創作時，她的故事中透露出的「求知而行」元素，以這類作品來說是既熟悉又獨特的。

首先，諾斯巴肯和莎達瓦約定，在沒有任何計畫的情況下，出現在一個空間裡，在那裡，她們會一起寫作，探索經由她們的互動而浮現的想法。正如我們所熟知，她們進入了未知狀態，並想方設法找到切入點。她們最初的想法是創作一些關於女性關係的作品。

在創作過程中，她們曾多次經歷了許多感覺漫無目的和心情沮喪的時刻，但她們還是堅持下來了。「我們天南地北聊了很多，」諾斯巴肯告訴我：「我們會花很多時間探索自己的生活，而且一邊想，『這是在浪費時間！我們在浪費時間！』但是我們需要每天在一個房間裡待八個小時。

我們垂頭喪氣，這教人意氣消沉，集體編創（Devising）讓人十分沮喪。」

起初，這兩位藝術家特別抗拒創作「女性主義表演」，至少在當時，這個標籤並未與她們的身分或她們想要探索的東西共鳴，她們的態度很堅決（說不定是抗議得太過火了）：「這不是一部女權主義演出！」她們倆彼此再三堅稱；「要是我們宣布這是一場女權主義表演，這樣的話沒有人要來了！」諾斯巴肯接著提出結論：「我們還沒準備好，我們只是還沒準備好，不過後來發生了三件事。」

我曾經詳細描述過幾位藝術家和設計師的經歷，他們透過繪製草圖、寫作，然後打造出他們的發現之路；我也曾指出，有時在不同的空間或情境中——而且經常是在淋浴時——會有所突破。就《傳聲筒》而言，諾斯巴肯在彩排室外經

《傳聲筒》由多倫多「前引號後引號集合體」劇團的諾拉・莎達瓦和艾美・諾斯巴肯於 2015 年創作演出的作品。

歷了一連串的事件，這些經歷似乎共同指引了這部戲演出的方向。

第一件事是，她在臉書上看到了已故西蒙・德・波娃（Simone de Beauvoir）的生日周年紀念日，這激起了她去閱讀一些西蒙・波娃幾十年前的作品，「在閱讀過程中，我覺得這些作品是如此一語中的、這麼樣與時俱進、那樣地切合題旨啊！」

幾天後，諾斯巴肯的表妹寄了一篇文章給她，內容是關於六、七〇年代的廣告及它們對女性的描述，「這篇文章指出這些廣告有多麼病態！這時我正在筆記型電腦上讀到這篇文章，而今天的主動彈出式視窗廣告就圍繞在它四周，目睹這篇文章所批判的正好是這些東西的現代版本，那種感覺很奇怪，太不可思議了！」

第三個時刻發生在她偶然看到一九九四年的動畫電影《拇指姑娘》（*Thumbelina*）時：「我以前會和妹妹一起看，我想，我就看一個片段，我沒忘掉它的音樂，結果我看完了整部電影，我突然發覺到：『這是一部色情電影嘛！』」

「這些啟示全部都了無新意，」她繼續說道：「但這三件事接連發生，讓我們有了『茅塞頓開』的時刻：原來我們很偽善啊！」

諾斯巴肯和莎達瓦在已出版劇本的序言中寫道：「在我們探索女性之間的核心關係，質疑我們如何將自己定義為女性，談論我們的生活與我們的母親，以及和我們母親的母親之間的關係時，有件事實給了我們重重的當頭棒喝：我們並沒有像我們自以為的那樣改變了不少。」（9）

諾斯巴肯在我們的談話中說得很清楚：「這不用說正是一齣女性主義的表演，這部戲毫無疑問描寫的正是我們如何吞下藥丸，有關『我就是認為自己是一個自由、解放、進步的女性』。我們需要面對我們的虛偽，揭露我們所有的祕密——就像我記得我獨自淋浴時，看著我赤裸的身體的那一刻。我真的想像過男人透過我的眼球來看，觀賞著我自己的身體。我就是這麼做的，它就在我的眼球裡、在我的眼皮裡。父權制度已經融入在我身體裡，我們需要討論這個問題，我們還沒走到自以為的那一步。這部戲必須解決這個棘手的難題！」

立志揭露虛偽和公開「我們所有的祕密」是一項艱巨任務，但這正是這兩位戲劇共同創作者所進行的事。聆聽諾斯巴肯談論她的創作過程，了解到這些藝術家以勇氣和誠實度過難關、完成創作的能力，令人振奮。她們開發了特定的做法，來推動這個企畫案向前發展：她們會坐下來，然後針對某些衝突和挑釁——好比個人把事情和盤托出，或把埋藏的祕密公布出來——加以回應。接下來她們會分別寫作二十分鐘，之後再回來朗讀彼此作品。她們從寫作中構建場景，找到連結和深度的地方。

這部最初設定為探討女性關係的演出，如今成為在個人層面上生動且開放的展演。「我們認識到，要製作一部關於兩位女性的戲劇，我們必須去追根究柢女性的一切，還有什麼研究工具能比觀察女性的內心更理想呢？一旦我們開始審視女性的內心，就會知無不言、言無不盡，因此也能夠真情流露。」

諾斯巴肯將她與莎達瓦的創作關係比作「爵士樂即興創作……這一切都是為了仔細聆聽對方的聲音。」正如史威漢姆也明確指出的那樣，即興表演的合奏是建立在信任和傾聽之上的。

諾斯巴肯接著詳細說明：「這個演出的內容生成包括三個層面：寫作、音樂以及編舞。大量的寫作，然後是我創作的一些音樂作品。我希望音樂敘事能包含女性聲音與音樂的濃縮歷史，因此，我會創作一部比莉・哈樂黛（Billie Holiday）的作品、一部珍妮絲・賈普林（Janis Joplin）的作品、一部瓊尼・密契爾（Joni Mitchell）的作品、一首保加利亞聖歌、一首讚美詩或其他之類的作品等等。接下來，我們加入編舞，創作動作片段、音樂片段和文字片段。」

在這些內容和生成的素材的基礎上，她們開始即興創作和表演。透過即興創作，她們發現了各個片段之間可以如何搭配在一起、她們測試了文字和音樂之間的關係，並且跟編舞整合在一起。「所以，有了全部這些內容，然後再來編輯／導演這部作品。在每個場景中，我們都會想知道，哪一種交流方式——文字、音樂或動作——是表達當下的最佳方式。」

最終，一部非凡的戲劇作品出現了！而她們唯有透過十分深思熟慮的創作過程，才能理解這部作品。對戲劇作品的理解與對自我更深層次的理解，是相輔相成的——創作過程可以讓我們接觸到我們最深層的思想和情感。如同諾斯巴肯和薩意味深長地寫道：「這部劇是赤裸裸的、脆弱的、原始的真相。我們一直害怕揭露這些真相，但我們卻因此獲得了徹底的解放！寫作、創作和表演《傳聲筒》的過程改變了我們，讓我們成為更好的藝術家、行動家和女性。」

諾斯巴肯對我們談話的總結是：「《傳聲筒》的發展歷時三年，直到第一次預演時，我們都抱持著高度懷疑，我們正要進行彩排時，都有同樣的想法——哦，天哪，這也太荒謬了吧！這只是兩個穿著白色泳衣的女人在跑來跑去，做出各種音效嘛！但我們還是堅持了下來。我們提心吊膽，因為這是一種自白，我們感到如此赤裸。」

令人欣慰的是，這一切成功了！

旋律就在腦海中的創作歌手

我採訪加拿大獨立搖滾樂隊「電阻樂團」（Rheostatics）的吉他手暨原創成員戴夫・比迪尼（Dave Bidini）時，他發表了一個耐人尋味的評論：「有時候，有些歌曲會幾乎是以完整的樣子到來。」

我追問他所指的意思，他的回答是：有時候「旋律會自己找到我」！事實上，本書採訪的幾位音樂家，尤其是創作歌手，都會在某種形式上，回應了比迪尼的觀點：「偶爾，我就是會在腦海中聽到旋律。」

我很納悶這句心裡話，是不是代表除了邁爾士・戴維斯（Miles Davis）這樣不折不扣的即興演奏家之外，音樂人的創作方式，是否都跟我採訪過的大多數藝術家和設計師的創作方式不同？

這些音樂家在創作之前就已經理解了嗎？音樂創作是例外嗎？在聲音和聽覺的體驗中，是否有一些東西來自於我們的某個獨特部分？或者我們以一種特殊的方式意識到了這些東西？說不定歌曲創作者的創作方式更像米開朗基羅。也許他們聽到的就像米開朗基羅所看到的那樣，對即將發生的事情十分清楚；也許他們就像米開朗基羅一樣，將自己已經理解的東西表現出來，並且讓天使從他們內心音樂的大理石中釋放出來。

在某種程度上，我認為音樂家確實與眾不同，他們的創造力確實有自己的發展規則，包括某種形式的用內在聲音創作。

加拿大獨立搖滾樂隊「電阻樂團」，1978 年成軍。

聲音認知是神經科學研究的一個相對較新的重點，這方面的研究可能有助於我們更理解音樂家的創作過程。但隨著我愈是追問創作歌手，愈會發現，即使是那些先在「自己的腦海中」聽到旋律的人，他們一般還是要經歷「求知而行」的過程。的確，有時歌曲會非常完美地降臨這個世界（保羅．麥卡尼夢見了他的歌曲《昨天》〔*Yesterday*〕，然後就把它寫了下來），但這種情況並不常見。

值得重申的是，在我訪談過的許多藝術家和設計師中，有些人確實透露過，有時在創作之前偶爾會出現想法，而創作過程則可以表現出這種想法。在這方面，創作歌手也十分類似，這種經驗經常發生在他們身上。不過，到頭來，我認為對音樂家、尤其是創作歌手來說，創作過程中的差異與其說是根本上的，不如說是實際上的。

在我的訪談中，出現了三項說服我的明確原則：（1）創作歌手擁有獨特的發現切入點，可以激發出創作的火花，刺激音樂的形成（即使音樂是在他們的腦袋裡）；（2）即興創作通常是歌曲創作過程的一部分，也是歌曲創作的核心；（3）表演是歌曲創作的區別和關鍵因素。

我在這裡的重點完全放在，那些創作歌曲並現場表演的音樂家上，寫歌、即興創作和現場表演，這三者之間的動態是豐富而迷人的。我並沒有把一般的音樂創作，甚至這些創作型歌手在錄音室錄音的經歷也一併包括進來，這些都會是非常有趣的問題，只不過超出了我在訪談中探討的範圍。

創作歌手的切入點

我與創作歌手的訪談，在很大程度上反映了我從詩人和小說家那裡聽到的情況。創作歌手多半討論的是如何進入充滿未知的創作世界。他們列舉了一些熟悉的觸發元素：一種感覺、一種對大自然的體驗、一段愛情關係、一個問題、一種觀念、一種衝動、在日常生活中的一種觀察。這些觸發元素有時只是寫歌詞的切入點，有時則是創作歌詞和旋律的觸發元素。但是，創作歌手似乎也有觸發創作音樂的方式，這是這種藝術形式獨有的。

比方說，藍調音樂家保羅·瑞德迪克（Paul Reddick）的做法是，他經常將詩歌作為切入點，他的歌曲能從詩歌的形式、類型和韻腳中找到火花，他會用自己的一首詩或他偶然發現的一部已發表的作品——只要能激發他的想像力就行（他從小就會收藏書藉）。但特別引人注目的是，對他來說，詩歌打破了傳統的音樂形式，為他最終創作的作品增添了趣味。

「光是用不同結構來創作，結果就讓音樂的結構耳目一新。」他告訴我：「藍調主要是一種十二小節的形式，我常常會自然而然地迴避傳統的藍調音樂創作，雖然它很優美，但我想探索別的東西。詩歌形式實際上能幫助我，在歌曲結構上做出更富有趣味的變化。」

瑞德迪克向我講述了他如何處理語言形式、元音和韻腳的故事。我尤其對他如何在他的一首曲子中，將「剪影」（Silhauette）和「香菸」（Cigarette）變成押韻，特別感興趣，以及這對歌曲效果的影響。透過這種與文字趣味邂逅的過程，了解到他發現音樂的方法，是件迷人的事。

創作歌手艾拉納・布呂奇瓦特（Alana Bridgewater）告訴我，她開始創作歌曲的各種方式。跟瑞德迪克一樣，她也很愛以自己的詩歌為起點，最終影響了音樂的結構形態。不過她也發覺，隨著創作過程的發展和演變，她最終會在腦海中聽到音樂，並在身體裡感受到它，「一旦這首詩開始轉化為歌詞，」她解釋：「音樂就開始湧現，然後我就開始動起來了——你知道的！」

「動起來了？是身體上的嗎？」

「對呀！動來動去！」

「那旋律呢？」我問：「它又是怎麼發展和變化的？」

「我在內心深處聽到它，然後我會唱出來，最後錄下來。」

庫寇特・史威漢姆在創作歌曲時，並不會使用詩歌或正式的語言遊戲，但他提及了運用類似功能的節奏和拍子記號。「我在寫歌時有一定的目標，其中之一就是不重複我以前做過的事情，不依賴我做過或聽過無數次的傳統和弦結構，我嘗試做的一件事就是：用不對稱的時間順序來寫歌，比如五、七、九、十一拍；而不是我們在自己的文化中聽到的四拍和三拍，百分之九十九點九的音樂都是這樣。」

「這些節奏在你的創作過程中產生什麼影響？」

「它們產生的東西別樹一幟，足以刺激我的耳朵。然後，我試著找到符合這些節奏的，也是我從未聽過的和弦組合。」

戴夫．比迪尼談到他用不熟悉的和弦當作創作歌曲的來源，他將這種「奇怪的聲音」作為寫歌的切入點，而這正是他自己對其他創作歌手分享過的，對內容的一種詮釋方式。「我們的鼓手曾對我說過（對了，順帶一提，大衛．克羅斯比和瓊妮．密切爾也這麼說過），「假如想寫一首新歌，不妨試一下用一個從沒使用過的和弦，好比我們第二張專輯中的歌曲《馬》（*Horses*）就是這樣寫成的。在首歌中，本來應該使用減 B7 減和弦——哦！不！事實上是減 A7 和弦！我把它放在琴頸的第二個位置演奏——而不是第一個位置——所以它在琴頸上的位置也有點不同。」

他一開始記錯了激發他創作靈感的和弦，我和他自己都覺得他這樣很好笑，我問道：「這就是你創作這首歌的切入點？」

「是啊！當我彈出那個和弦時，它就開啟了新的可能，這是因為，這個和弦對我來說是陌生的，這就是切入點。我找到了和弦，接下來建立一個和弦序列（框架），再來我和自己對話：『會很快嗎？會不會很慢？是這樣還是那樣？』」

然而，有時藝術家在開始創作歌曲時，根本沒有意識到任何觸發因素。事實上，「腦海中」突然出現的曲調，往往會讓音樂家感到旋律自發地從腦袋裡冒出來。創作歌手希勒爾．蒂蓋（Hillel Tigay）對這種體驗提出了有趣的觀點，蒂蓋的生活就是音樂，用他自己的話來說，他「對音樂充滿熱情又癡迷」。

我們看到，「創作」的定義已經遠遠超出了在錄音室、排練室，或寫作本身的那些時刻，這種詮釋跟單一、獨立的企畫案具有特殊意義。若一個人的一生就是一項持續不斷進行的創作企畫案呢？要是一位藝術家像蒂蓋一樣，對藝術充滿熱情且無法自拔，讓自己永遠都處在不斷創作的狀態中呢？那麼範圍會有多廣？

我聽到蒂蓋談論自己的經歷時，我意識到，對這位藝術家來說，日常生活和創意生活之間並沒有真正的界限（而且不難把這個想法延伸到我採訪過的許多其他藝術家身上）。假如我們像他一樣滿懷熱情，一切都會融為一體。

「我喜歡音樂就像上了癮！我愛它，我愛美，我從挑戰中（即使是在掙扎中）獲得巨大的快樂。」有趣的是，這個人似乎一直處於創作狀態，這幾乎是天生的，因此一旦他把自己的工作比作生孩子時，並不感到驚訝。「我無法向沒有經歷過的人去描述這種感覺，我無法解釋一旦出現了一個想法，並與之搏鬥是什麼感覺。這就像為人父母一樣，你創造了一些東西，因為你有某種去做它的衝動，它給你帶來極大的快樂，而你將結果視為是你自己。對我來說，我創作出來的一首高品質的偉大音樂，就像一個美麗的孩子一樣！每次我做音樂，這種感覺就會重新發生，就像又生了另一個孩子。」

對蒂蓋來說，創作源自於，與音樂及音樂產生出來的成果的深刻連結。有時候，音樂可以將他與超凡脫俗、崇高的事物聯繫起來，「我一直與音樂結合在一起。人們不會像聆聽音樂那樣傾聽詩歌，音樂是抽象又動人的，而抽象又動人的事物會散發出神聖的氣息，它讓我們能觸及到一些不可知的東西，我想，這就像上帝。對我來說，音樂創作的觸發因素總是旋律及它的質感，這是一種抽象的東西，無法被具體事物所影響。」

蒂蓋告訴我，旋律時時刻刻都會浮現，而他的切入點是一種隨時準備好回應的狀態，「這只是一種情感狀態，在這種狀態下，門突然打開了，一些東西湧現出來。我曾在夢裡寫過歌——那些歌可能很棒，因為我不會阻礙它們。大多數時候，我們都只是在阻礙自己。」

「你可以詳細告訴我，在創作過程中實際發生了什麼事嗎？」

「我進入了我潛意識中的一小部分，每個人的大腦裡都有許多美不勝收的藝術，關鍵在於弄清楚如何接觸到它，然後在看到它時抓住它。對我來說，我試圖捕捉在我腦海中反覆播放的東西，但這些東西會在不同的地方出現，而不一定是在我演奏樂器的時候。有時候，我會在洗澡、運動、游泳或散步，或者在做夢時，腦海中會出現一些旋律，我就會拿出錄音設備並把它唱出來。」

「你會先在內心裡聽到旋律嗎？」

「大多是這樣沒錯，有時甚至伴隨著歌詞，但一般來說只有旋律，之後，我會在旋律中填入歌詞，或者加入連接段或主歌。但在這之前，我會即興創作並與這首歌一起工作。有了靈感，接下來還要即興創作，沒有辦法不即興創作啊！」

歌曲創作即興發揮

詩歌、陌生的和弦音、奇怪的拍子記號，紀律性加上堅持不懈的準備——這些都是藝術家創作歌曲時的切入點。接下來發生的事情，正如蒂蓋所明確指出的那樣，往往是採取各種形式，並透過各種技巧來進行即興創作（對蒂蓋來說則是「始終如此」）。這些藝術家講述關於自己的歌曲創作故事，以及他們如何努力推動自己的歌曲創作過程，都是深具吸引力的。

正如我們剛才所看到的，蒂蓋把從他內心聽到的旋律，轉變成他作品的即興部分，「我只是坐在樂器前，彈啊彈，就是即興創作。老實說，那東西百分之九十都是垃圾。我常常想半途而廢，總覺得自己很差勁，不過之後偶爾也會覺得，『哦，我剛才做了什麼？其實還挺不錯的耶！』似乎我可以從想臨陣脫逃的感覺到突然遇到一個好點子，連續坐在那裡十個小時，一遍又一遍彈奏它，我會沉迷其中，如果它不錯，我可以繼續努力讓它變得更好。我靠著即興創作來建構它，搭起連接段、安排結構，用歌詞填補空白，接下來再進行編曲。」

「那麼，一開始在你腦袋裡的音樂，最終經歷了相當劇烈的變化過程，對吧？」

蒂蓋大多數時候都是獨自即興演奏。有時他會找來歌手和其他音樂家來試驗歌曲的元素，但大多數情況下，他使用自己的樂器和各種技術設備來創作自己的音樂。

「它在我的腦海中，但我無法同時進行五個面向的思考！我的大腦可以記住旋律，這在沒有樂器的情況下是一件簡單的事，我甚至可以在腦海中記下歌詞以及和弦進行（Chord Progression），我能感受到這首歌的情緒和質感。但我即興發揮時，後面總有一些步驟：彈鋼琴會比較合適嗎？或者彈吉他才是最棒的？這節主歌該用什麼節奏？副歌呢？即興創作對於理解這一切都是至關重要的。我可以用三面向思考，但無法用五個面向思考，我無法考慮到所有的事。」

「再多說一點即興創作對你來說是什麼吧！」

「『即興創作』這四個字可能是因為爵士樂的關係，它在音樂的世界裡就被誤用了，人們認為即興創作是指在主旋律上進行一場異想天開之旅，但我的是關於歌曲是如何創作的。除了一開始靈光一閃之外，一切都是即興的，我會在電腦上反覆循環播放一些內容，然後在這之上進行即興創作。」

同樣，史威漢姆在嘗試了不尋常的節奏和拍子記號後，他會自己即興創作，以塑造並最終挖掘到了一首歌，「這就是嘗試各種方法——要是我把這個音符放在那個位置，會發生什麼事？我應該怎麼安排這些東西？」接下來，他談到了失敗，以及他從中學到的東西。「有時候，就只是覺得不對勁，我需要嘗試別的東西。但我通常會盡力避免的錯誤，實際上給了我一些可以回應的東西，這就是即興創作的作用——它有助於理解這一切，一旦我確實發現某些東西時，我就必須把它們錄製下來，要不然它們就會消失在虛無中了。」

還有其他形式的即興創作也不是單打獨鬥的，而是與其他音樂家合作。艾拉納・布呂奇瓦特有時會從一個靈感點出發——從內心聽到音樂，並感受到身體裡的節奏——然後與鋼琴手合作，即興發展歌曲。「在我第一次錄製完基本曲子後，我會去找我的鋼琴演奏家，然後擴大發展它。我們就開始即興重複（riffing）、即興寫作。我開始唱歌，我們不知道最後會發生什麼。」

布呂奇瓦特接著解釋了她的即興創作和即興重複經歷，她認為這讓她「從內心」聽到了之前從未聽過的音樂的其他部分。「當我在構思音樂的基本要素，並且歌曲透過即興創作開始成形時，我開始聽到其他元素，好比打擊樂、貝斯和完整的樂器。即使歌曲還不完整，即使我只用吉他演奏，我已經能夠聽到鋼琴聲和鼓聲，我還聽到了貝斯聲。」她的創作過程是在聆聽音樂和即興創作之間轉換，以實現音樂的下一個層次。

保羅．瑞德迪克在為自己創作的，仍處於早期、雛形狀態的曲調（曲調本身也受到詩歌形式的影響）填詞時，會採用口述的方式：「我經常使用語音輸入的方式，因為我說話與寫作的方式截然不同。藉由說話，我擺脫了某種特定的寫作方式，口述能激發出我直觀感受到的，或者我正在思考的東西，就像是某種潛意識的釋放。」對這位藝術家來說，即興口述的文字，會為他的作品帶來截然不同的品質和感覺，這樣會更加真誠。

正如我們從他對詩歌的運用上看到的，瑞德迪克的靈感來自於形式和質感：「我玩弄文字的音調，接著我努力成功實現寫歌的任務，所以我一唱出這些文字時，結局就是：它們感覺很不賴！每個文字都有不一樣的動態特質，這就是我了解這首歌曲的方式。我哼出這些文字時，並不是從情感出發的，我在口吐它們時，更像是一台雲霄飛車用優美動聽的旋律去滑過這些文字。」

「那音樂呢？我們能回到音樂這個話題嗎？你的音樂是怎麼發展演變的？它也是即興創作出來的嗎？」

「我唱歌、吹口琴。我不會彈吉他或鋼琴，所以我會即興創作一些低音聲部（baseline）或音樂片段，然後用手機或錄音機錄下來。然後，我會去找我之前合作過的吉他手，他們理解我的意圖，然後他們會把它翻譯成吉他可以彈奏的曲子，事實上，這確實就是一種翻譯。它的樣子並不完全是我腦海中想的那樣，這也是整個過程中很重要的一部分：曲子會被修改，接下來我再去找貝斯手和鼓手，曲風會變化更多。每個樂手都有自己的演奏方式，加上他們對我正在為這首歌下的工夫了然於心，我並不會試圖控制這個過程，我最終能得到的結果，實際上取決於：我延攬了誰來探索和展現我創作的歌曲。」

最後，回到比迪尼關於《馬》這首歌的故事，以及這首歌曲是如何透過即興創作，以偶然聯想的形式即興創作出來的。正如我們所知，陌生的和弦讓他即興創作出了新的和弦音程，但是，「幸福的意外」接踵而至——首先，在一次偶然的機會下，他遇到一幅艾力克斯・科爾維爾（Alex Colville, 1920~2013）的畫作，他開始關注馬匹，這又讓他聯想起馬和勞動，這個念頭縈繞在他心頭。

當時（時間是一九八六年冬天）媒體的熱門新聞更是吸引了他的注意。那是加拿大阿爾伯塔省（Alberta）北部的蓋納肉類包裝公司（Gainers meatpacking）罷工事件。比迪尼被工人困境所打動，這個故事促使他創作了這首歌曲，以此向罷工活動以及受罷工影響的人致敬，它成為這首歌的核心。「我順著這個敘事找到線索，接下來再圍繞著那個冬天的一位罷工勞工去鋪陳敘事，整首歌就是這麼發想創作出來的。」《馬》的即興創作體現了對偶然經歷的回應。

正如瑞德迪克所描述的那樣，歌曲創作中的即興創作可以是合作的過程，有些藝術家，就拿蒂蓋來說吧，傾向於單槍匹馬完成創作過程，他們可以使用原聲樂器，也可以透過技術設備，方便他們構建和反覆播放多種聲音。而其他藝術家，比如瑞德迪克和布呂奇瓦特，則可能藉著音樂家之間的逐步合

艾力克斯．科爾維爾，《馬與火車》（1954），硬質纖維板上釉油畫，加拿大安大略省漢密爾頓美術館收藏，多明尼克鑄造和鋼鐵有限公司（Dominion Foundries and Steel, Ltd.）捐贈。© A.C. Fine Art Inc.

1986 年發生於加拿大阿爾伯塔省北部埃德蒙頓市（Edmonton）的蓋納肉類包裝公司工廠罷工活動。

作來創作歌曲。還有一些藝術家，像是比迪尼，他們憑借與利用不可預知的機遇來進行創作。這些旋律很可能存在於創作者的腦袋裡，並藉由特定的觸發因素出現，旋律甚至可能會看似不自覺地來到他們身邊（特別是當創造性的敏感融入他們所做的一切時）。在一次即興創作之後，藝術家甚至會像布呂奇瓦特所經歷的那樣，聽到內心深處的聲音。

基本上，除非一首歌能「完美」地降臨，否則要催生出歌曲，還需經歷製作和即興創作的過程。即興創作是通往理解歌曲的道路，它讓人想起藝術家和設計師一路上靠著「繪畫」、「寫作」或解決問題，展開他們的發現之旅。

然而，創作歌手在「創作」這條路上，仍舊還有另一個獨特且至關重要的步驟：表演。

表演始終是場冒險

「接下來妳表演這首歌時，」我問艾拉納．布呂奇瓦特：「它跟妳寫歌的經歷有什麼關聯呢？」

「我正在利用不同的方式去發現這首歌。這對我來說，它變成了一些新的東西。每個觀眾都是不一樣的。當我在表演時，我會發現一些東西；當我演唱時，會有一些讓我頓悟的時刻。我會想朝一個方向或另一個方向前進，我會覺得這樣太過頭了，它總是在變化。」

布呂奇瓦特的創作過程，遵循從詩歌到歌詞、再到旋律、接著到與其他音樂家合作即興創作的過程。但對她來說，不同的元素始終是現場表演。這是要求她全神貫注，以改變歌曲、塑造歌曲、發現歌曲亮點的框架。

「表演時，我會發現一些東西。」每次的東西都會呈現出差異，儘管從形式上來說，現場表演不是即興創作，但從定義上來看，現場表演是即時的創造，即使是以微不足道的方式。因此，創作會一直貫穿整個表演過程。歌曲是專門為表演而創作出來的藝術作品，歌曲的實現是在歌唱中，要一唱再唱，不停地唱下去。

正如保羅．瑞德迪克所說：「一把它現場表演唱出來，這首歌就會不斷變化。」但他也補充說：「我一直與不一樣的樂團和音樂家一起合作演出，他們的習慣差別非常明顯，對於該做什麼的理解也有所不同。透過這些差異，我可以體認到，關於這首歌曲一些我未曾知道的地方，有時候感覺還蠻不錯的，有時候感覺很糟糕，這始終都是一場冒險。」

戴夫．比迪尼最初在描述他對表演的看法上，跟瑞德迪克和布呂奇瓦特的說法不謀而合：「表演就是存在於當下，你可以長年累月窩在房間裡創作音樂，也大可花很多時間在錄音室裡，但你要知道，在現場演出，一切都在發生中，這一切就像是重生一樣。」但他緊接著描述了，同一首歌在後續表演時的不斷發現：「我一直享受，將歌曲帶入不同地方發展和變化旋律的冒險。有時這樣做是為了取悅和刺激自己；有時會犯錯，但這也很有趣。觀眾知道你正在走鋼絲，知道你正在為這首歌曲嘗試不一樣的東西，特別是，它還是一首家喻戶曉的歌曲，而且在形式上也是人盡皆知。就創造力來說，這真是讓人興奮極了！」

比迪尼強調了這些表演的「冒險」，也就是「有風險」。而布呂奇瓦特則把它形容為脆弱性，「表演的根源來自於身為藝術家所擁有的脆弱性，我認為保持脆弱十分重要。大家不想看到偽裝假象的表面，你必須表現出自己的人性，否則你就只是一個刻板形象。不可避免地，要有脆弱的一面！」在這種脆弱性中，布呂奇瓦特發現了歌曲的力量：「它讓歌曲說話，讓歌曲感動人，讓靈魂加入其中，接著交流就會發生。」只有在表演中，布呂奇瓦特才能完成這一切：「我只是向真實的世界敞開自己，接受現有的一切。我聆聽這些訊息，我傾聽這些話語，然後唱歌。」

正如我在本章前面所指出的，現場表演的風險、危險性以及現場表演必要的脆弱性，帶來了一種活力。藝術家在這一刻會有所發現，並延伸其創作行為，這就是表演帶來的成果。我們會透過表演來了解莎士比亞的戲劇，把莎翁的戲劇作為文學作品來研究，是一回事，但透過表演來實現這些戲劇——這是它們的最終目的——則會把它們帶入了一個完全不同的實現層面。之後的每一次演出，每一部作品，都會實現一些新的、不一樣的東西。這就是為什麼，即使這些作品流傳了四百多年後，觀眾仍然覺得這些戲劇十分有趣。

歌曲也有類似的功能，對藝術家來說，在創作過程中信手拈來，一首歌就能因此問世。歌曲可能會像「餘音繞梁」一樣，在藝術家的腦海中揮之不去，也可能是在即興創作中逐漸成形。然而，有觀眾在場的演唱，才能讓歌曲發展到極致。倘若一場表演是現場演出，此時表演本身就是一種創作。

六

「求知而行」對我們的生活方式造成的影響

「若要理解領導力，惟有親自去領導；若要理解婚姻，也只能步入結婚；若想知道某條職涯路適不適合自己，方法只有一個：你得實際去嘗試並闖蕩一段時日。僅此一途。那些徘徊在承諾邊緣、必先了解一切事實才甘願下決定的人，最終會發現生命將與他們擦肩而過。換句話說，要理解生活，冒險去體驗它是不二法門。」——強納森・薩克斯拉比*（Rabbi Lord Jonathan Sacks）(1)

「我無法創造的東西，會令我茫然。」——理查・費曼（Richard Feynman）(2)

求知而行，我們一直都是這樣做的，那是我們交流、學習和理解的一種方式。在我進行的每一次談話和採訪中，對於「行動」和「知曉」的討論都超越了藝術與設計上的特定作法。人們一再提到「求知而行」是他們建立職業生涯、從事教育與學習、發展精神生活，甚至是與他人建立愛與連結的關鍵。求知而行無所不在，就像是日常講話一樣——在未知的世界投入創造性，是人們自童年就開始的生活的一部分。

神經科學提供一些耐人尋味的線索，讓我們了解行動和知曉的核心體驗是如何運作的。研究人員使用功能性磁振造影（functional MRI, fMRI）機器，來研究影響我們投入創作的神經基質／

＊譯註：猶太人中精通《塔納赫》、《塔木德》的精神領袖、宗教導師階層，是極受尊敬的頭銜。

神經底質，這一領域的新發現，可能有助於我們明白行動和知曉之間的關係，以及日常的創意是如何形塑我們的生活。

舊金山加利福尼亞大學的查爾斯．林布（Charles Limb）是位耳鼻喉科專家，也是一位知名的創意神經基礎研究學者，特別是對即興爵士樂有所研究。二〇〇八年，林布和艾倫．布勞恩（Allen R. Braun）合作，利用一台功能性磁振造影機器來探索，人們在進行即興演奏時，大腦會發生什麼變化。(3) 林布對約翰．柯川（John Coltrane）的作品情有獨鍾，想知道我們能從即興爵士樂手的大腦活動中觀察到什麼，於是他設定了一個裝置，讓音樂家可以在敲擊鍵盤的同時，透過機器觀察大腦的動靜，並從中獲得重要的結論。(4)

喬納．雷爾（Jonah Lehrer）在《想像》（*Imagine*）一書中，歸納出林布的研究與本書尤為相關的兩項發現。首先，即興演奏音樂家的功能性磁振造影圖象顯示出，「內側前額葉皮質（medial prefrontal cortex）的活動激增，該區域位於大腦前部，與自我表達密切相關。」其次，「在……背外側前額葉（dorsolateral prefrontal cortex, DLPFC）出現了天翻地覆的變化，背外側前額葉與衝動控制關係最為密切……它是一個神經抑制系統……在即興演奏的情況下，彈奏一個音符前，每位鋼琴家都顯示出背外側前額葉『不活動』，也就是說大腦使該迴路瞬間靜默下來。」(5)

內側前額葉皮質是大腦中與白日夢、個人記憶和表達有關的部分（林布在他的 TED 演講中，稱它為「自傳中心」）(6)，它的啟動說明了即興演奏是一種特殊（甚至是特異）的溝通方式，由大腦的一部分驅動，使創作者能夠表達他們想要傳達的特殊事物。另一方面，背外側前額葉（大腦中能夠抑制和作為約束的系統）的不活動也同樣令人震驚——倘若即興演奏會仰賴大腦的沉默去阻礙某種表達，那麼我們可以將這種創作理解為一種手段，用來獲取原本會被阻擋的東西（儘管有時候，這些阻擋的存在是有充分理由的）。

從行動中獲得的知曉，不只跟其創造出來的事物相關，可能也是一種自我探索和自我認識，以及透過探索產生出強力且堅實的主張。經由啟動和「自我陳述」（autobiography）相關的大腦區域，解放另一部分的抑制功能，我們可以透過「即興表演」這樣的創意行動來獲取（或明白）自己的故事。換句話說，創意可以被理解為一種神經活動，用以揭露「我們是誰」。

林布的研究對日常的「求知而行」有什麼啟示呢？有趣的是，他的合著作者艾倫・布勞恩觀察到，即興表演者的大腦運作，簡直就像在快速動眼期睡眠中做夢的人！布勞恩回應：「想到即興創作和做夢之間存在著某種關聯，我就感到振奮！這兩種狀態都屬於自發性（spontaneous）的事件，實際上，音樂家們很可能就處於清醒的夢中。」[7]這個觀點開啟了一種奇特的可能性，亦即做夢（它是我們時常經歷的事情）本身可能就是一個求知而行的過程、是一種日常的創造性活動，為我們提供潛在的途徑去了解我們自己。

在一次讓人意猶未盡的對話中，榮格精神分析學家詹姆斯・霍利斯（James Hollis）明確地向我說明，夢境即是心靈的「求知而行」。他說：「睡眠的研究表明，我們每晚平均會做六個夢（或一星期大約做四十二個夢）。大自然顯然不會浪費能量，很明顯地，它正在為系統做一些重要的事情，其中包含處理我們每天生活中經歷的原始素材。當人們被剝奪做夢的功能時，往往幾天後便會開始產生幻覺，好像無論如何都必須處理這些素材一樣。倘若我們開始關注自己的夢境，就會意識到，人類的心靈存在著一種非比尋常的創意過程，而我總是對每個人身上都存有的創造力感到驚奇。當然，這些夢境可能是迂迴隱晦、難以捉摸的，但是長期觀測它們，可以使我們對自我產生更強烈的認同感與掌握感。」

神經科學家亞倫・貝爾科維茨（Aaron Berkowitz）在他的著作《即興心靈》（*The Improvising Mind*）中提及，他與同事丹尼爾・安薩里（Daniel Ansari）[8]在二〇〇八年進行的一項功能性磁振造影研究。兩位科學家再次觀測了不同音樂家進行鋼琴即興演奏時的大腦活動，最驚人的發現之一是額下回（inferior frontal gyrus）的活動，它是大腦中，與語言和表達最密切相關的區塊。[9]在這項耐人尋味的研究成果中，貝爾科維茨發現即興演奏與語言表達之間的連結，和日常的「求知而行」最為相關。

從定義上來看，日常的對話就是即興創作，我們從自己的語言和語法庫（語言系統）中汲取素材，再利用這些素材與他人交談。每個人擁有對話的架構（框架），並感受到自己想要表達的內容，但是，要完整明白想要傳達的事物，就只有「說出來」一途。我們一邊說話，一邊運作大腦，從事「發表言論」的創造性過程，讓我們更深入、更詳細地認識到自己的思維模式和思想內容。每個人的知識可能是片面的，但是透過說話，可以讓我們更全面理解自己的想法。換句話說，「發表言論」的行動可以幫助我們知曉，正如梅洛・龐蒂（Merleau-Ponty）在〈語言現象學〉（*On the Phenomenology of Language*）一文中所寫道：「我所說的話讓我自己都感到驚訝，卻也使我知道自己的想法。」[10]

語言學家羅莎蒙德・米謝爾（Rosamond Mitchell）和佛蘿倫斯・邁爾斯（Florence Myles）在《第二語言學習理論》（*Second-Language Learning Theories*）一書中提出類似的觀點：「口說語言（spoken language）是創造力（creativity）和模組（prefabrication）的複雜組合。」[11] 她們透過研究第二語言學習人士，來觀察語言習得，認為「發表言論」無疑是一個創造性的過程，但是這個過程需要具備進入語言系統的能力——而那是我們經由反覆練習所習得的。

如同音樂家藉助經驗和技巧，利用音符和節奏進行即興創作，作家運用文字和語法、雕塑家採用材料和形式，口說語言的使用者也透過經驗與技巧，去進行創造性的活動。由此可知，「求知而行」的原則，在日常語言和表達上是可證的。

精神分析學家亞當・菲利普探討了心理治療情境（以及情境中所產生的語言）為何近似自我探索的「求知而行」。如同他在「反對自我批判」（Against Self-Criticism）演講中論述的，分析行為中的自由聯想（free association），基本上就是一段「求知而行」的過程：「在講出自己的想法和感受之前，我們並不明白它的價值——正是在說出它時，我們才有可能發現它。」[12] 毋庸置疑，分析本身具備即興創作的特質，其過程反應了進入未知、在框架內（包含被分配的時間、空間、與治療師的關係等）即興發揮的原則，以及可能在治療情境中找到深植創意行為的驚喜與認識。

二〇一四年六月，菲利普在紐約的92NY接受達芙妮・默爾金（Daphne Merkin）的採訪，闡述寫作與分析之間的相似之處。他簡潔有力地表示：「寫作令人意想不到的地方在於，你的腦袋裡真的會有一些事情冒出來。」當然，在精神分析的情境中，口語表達也是如此。菲利普引用理查・波利爾（Richard Poirier）的經典之作《表演自我》（*The Performing Self*）一書，並將自己的寫作稱作「表演自己的另一種方式……我透過語言演出自己」。[13]正如我們在前一章發現的那樣，表演是一個流動的過程，它能夠揭示一些原本無法觸及的事物。

菲利普又補充一項更深入的見解，我認為許多藝術家都會對此有同感。他認為，寫作和分析行為很像，未必能帶來即刻的理解，就像有些時候，他也不明白自己所寫的是什麼意思，無法完全理解寫下的內容，彷彿與霍利斯所提到的夢境一樣曲折隱晦。然而，就像是霍利斯持續追蹤夢境一樣，菲利普也會以「它聽起來沒什麼不對的地方，而且（它的）節奏順暢」[14]為由，去思索讓他難以捉摸的寫作。

菲利普的觀點很有道理，也符合我們從藝術家和設計師那裡了解到的創作過程：知曉並不一定會立刻顯現，它們可能需要時間或是特殊情境（例如在淋浴、開車、洗碗時），讓我們能更充分地理解和完整地發展。

所以再重申一次核心議題：我們發現，行動並不一定會直接和作品（或夢境）相關，行動和知曉的可能在寫作中、在工作室，或在諮商師的辦公室裡發生。

過渡性客體能孕育創意

在人類生命成長與發展的最初階段，「求知而行」已經是顯而易見的事，而心理學則再次提供了一個值得注意的觀點。一九五九年，精神分析學家塞爾瑪．弗雷伯格（Selma Fraiberg）在她的著作《魔法歲月》（*The Magic Years*）中提到，孩子在生命中的前十八個月是如何學習移動（爬行和行走）的。弗雷伯格的研究揭示了一些人類如何認識事物的重要規則，而她對發育中幼童的發現，也預示了人類後期如何進入未知領域及發展創意。[15]

在弗雷伯格的研究中討論到，學習爬行和行走的孩童如何和父母／保母分離，受到求知而行的驅動，不安地探索未知的世界。她更描述一些幼童在學步時，是如何抓住微小的過渡性客體（transitional objects）向前探索——也許是策略性地帶著一些照顧者（父母、保母）的經驗前往未知。

以探索客體關係而聞名的精神分析學家唐納德．溫尼科特（Donald Winnicott）認為，這些過渡性客體不僅是人們普遍認為的自我舒緩工具。他的看法是，對物件的投入，正是兒童首次的創造性行動，他們（從父母／看護他們的保母那裡）獲取一些東西，並將它們創造成自己的東西。這種「再造」過渡性客體的行為，發生在一個新的心理空間，溫尼科特稱之為過渡性現象的「中間帶」或「潛在空間」。他的定義不僅備受矚目，且十分貼切。潛在空間就像是創造者發展出的宇宙觀一樣，它是一個未知、令人恐懼的領域，同時也是一個探索與發現的空間。孩子剛開始走路時，會擁著這些客體進入未知，這和藝術家踏上創作之旅的情形相似，都是進入了廣袤的未明之境。

對藝術家來說，「過渡性客體」類似於架構中的經驗、技能、教育等元素，這些支持元素都將成為自己的，並讓我們具備勇氣，邁向未知。用溫尼科特的話來說，這些元素都可作為潛在空間，並提供道路，前往焦慮之海和前行之途。他也把過渡性現象的潛在空間稱為「認識論空間」（epistemological spaces）：在這個知曉的空間裡，我們會遭遇、發現、認識新的事物。

更有趣的論點是，假如孩童無法將過渡性客體舒緩、安慰的特質內化，並將它們拋諸腦後，那麼過渡性客體就有可能成為一種依戀的癖好（fetishist）。孩子會需要這個客體（也就是焦慮癖好）以獲得安全感。舉例來說，在膾炙人口的美國漫畫《花生》（*Peanuts*）中，男孩奈勒斯（Linus）沒有自己的毯子就無法出門去外面的世界，正因為他無法將毯子的舒適感內化於心。

我們緊緊抓住生活中令人盲目迷戀的部分不放，正是因為它給了我們安慰，但這樣子做，我們就會停滯不前。要是不能夠從內化客體產生的力量中獲得新生，我們就會對外在的輔助變得依賴。

藝術家是否也有類似的經歷呢？很多藝術家都表示，有時會有一種被困在框架中的感覺。某一段時間，他們失去了進入未知的能力，轉而奉行已經掌握的技能、個人理論和想法、過去的經驗和形式傾向——這些全都像藝術家無法放手的過渡性客體一樣，用以確保他們安全無虞。然而，這種狀態也會使藝術家們故步自封，讓他們的作品風格窠臼、墨守陳規，最後全是千篇一律。回想我們在第三章所提及的，畫家湯姆．奈契特爾和插畫家溫蒂．麥克諾頓即是透過行動（重複的練習、一遍又一遍地畫著咖啡杯）來擺脫困境，重新聚合創意的能量。

如同孩子最終需要內化有助於成長的事物一樣，藝術家也是如此——為了保持創意和動能，藝術家需要內在的力量去冒險並發現新的世界。倘若沒有這一點，藝術家就會被困住，以精神分析的話來說，他就是個依戀者。

創新教育中的「求知而行」

除了日常生活之外，「求知而行」對於如何思考各級教育也有重大影響。為了明白這一點，我將自己對藝術家和設計師的教育所學延伸出去。在我所熟悉的許多藝術與設計學院，其課程幾乎都採用以實際專案為基礎的教學方式(16)，這種方式與「求知而行」的一些基本要素相同——進入未知、運用材料、解決問題，以及即興探索。這些學校的教育理念，使他們刻意讓學生經由行動來獲取知識，透過實際體驗來深度學習。

首先，學校的教師通常以具有啟發性的問題、心理和社會學困境、政治挑戰、多樣性、公平和永續的價值、道德和個人問題，或在其職業生涯中會遇到的設計任務等，提供不同種類的作業和專案。這些切入點能使學生面對未知，並感受未知的創意空間所帶來的效果。技術的教學也是如此，學生們藉由傳統技藝和快速發展的模型技術、雷射切割、3D立體列印等，來養成創作的能力。他們不僅習得軟體程式、建模製作和表面處理技術等專業知識，且透過批判性思考的磨練，在科學與人文的領域中找尋意涵，使自己對人類經驗的問題更加敏感，進而成為出類拔萃的藝術家或設計師。除此之外，他們也學習繪畫獨有的觀察方式，這幾乎是最基礎的練習。最後，所有的一切全都變成了支撐的架構，使學生們具備更強的信心與能力，進入創意的未知世界。結論非常明顯，一旦技能越高，在創作中的自由度就愈高。

創造性教育的第二個要素，來自於藝術家與材料的接觸。學生們透過材料的研究，在指定的作業中與特定的材料進行「對話」，進而了解創作的能力與限制、約束與可能性。美術家在使用顏料和畫布、木炭和紙、墨水和羊皮紙時，正是這樣學習的。而雕塑家則秉承考爾德的精神，運用材料去從事思考；裝置藝術家——比方說漢彌爾頓和阿爾塞諾——會採用空間和時間的材料（以及許多其他素材）；攝影師運用光線和圖象的材料創作；數位藝術家和設計師則利用各種媒介；產品設計師在材料實驗室中設計他們的作品，並透過選擇來解決易取性、可負擔性和永續性等難題。透過實際操作來學習，就能經驗到材料所帶來的驚喜，並且發現行動和知曉的關係是多麼美妙！

第三個要素則基於設計師的創意活動，著重於培養解決問題的能力。在解決問題的過程中，一種頗受歡迎的「設計思維」（design thinking）開始出現，將重複詰問和提出創意，融合使用者研究，經由調查研究和原型設計，構成新的顯學。好的設計思維顛覆了「先研究後行動」的傳統，把研究當成創作的一部分，在專案的各種階段加以表現出來。除此之外，創作行動能夠將當初無法理解的問題區隔出來，而這些問題正是設計師必須解決的，倘若沒有實際操作就發現不了。總地來說，這同樣是一種透過原型與模組來組建框架的過程，使設計師知曉自己距離解決方案更近一步。

最後一個要素，是即興創作本身——無論什麼領域，學生都必須學會即興創作的力量。在應用學習的環境中，學生可以從實作中尋得靈感，創作的過程與被創造的事物合而為一。他們將學會，如何透過即興創作建立框架、在實踐的過程中尋得美、透過實作的過程辨別可供使用的素材。他們透過自己的方式取得優化即興創作的技能和工具，並藉此發展和建構自己的想法。

簡言之，目前大多數的藝術與設計教育機構，判斷學生們是否準備好畢業，不是透過他們的夢想和遠見，而是他們是否具備實作的能力。

藝術與設計學院所面臨的挑戰之一，是如何培養學生做好準備，以適應瞬息萬變的世界。正如我們經常指出的那樣，有些工作今天可能還不存在，或者將來會以不可預知的方式演變。我們該如何培養學生們從事這些未來的工作呢？通常人們會強調幫助學生培養一種靈活性，這種靈活性將使他們能夠把基本技能轉移到任何工作上。這當然是一項重要的原則，但是原則的形式與落實，都與「要將學生教育成實作者、培養對求知而行的敏感度」有很大的關係。靈活性的培養是一回事，加強實作教育又是另外一回事，都是為了賦予學生應對未來的能力。

目前，在藝術與設計學院規畫各種學位的課程結構時，會面臨一項挑戰，而這項挑戰考驗著對「創作教育」的承諾。所有參與教育過程的人員——主管、教師、管理人員——都希望學生盡可能做好充分的準備。我們希望他們能夠在各自的領域發展，培養專業知識，希望他們能夠自如且享受地使用技術。我們要確保他們在開始職業生涯時，能夠了解商業和經濟的基本原理，成為社會轉變的推動者。我們希望透過人文和科學的教育，讓他們成為一個完整的人，成為跨科人才。我們希望他們擁有國際經驗，發揮合作精神。最重要的是，我們希望這個時代的他們，能夠在一個多元包容的世界中，找到生活和工作的美好和力量。我們的期許還有更多、更多……

然而，若嘗試滿足這麼多的要求，問題就會在課程規畫中浮現。對於培養創意人才的學校來說，若是必修課程多到泛濫（在我看來這種事層出不窮），就會成為最缺乏創造性的教育方式。

人們對必修課程的要求似乎永無止境，總有填不完的必修課程方框需要勾選。但現實是，我們和學生一起工作的時間總是有限，與高等教育相關的現實和成本，是我們必須面對的限制與約束，以必修課程數量取勝，並非培育人才的解決方案。

當然，任何教育計畫都需要特定的課程和指定的學習領域。我的呼籲並不是要完全打消規定，但是我想知道，倘若加入到我們對「求知而行」的理解，是否能不把課程當成一整套的規定，而是把它當作建立探索的框架？某些特定的藝術與設計學院的工作室學程，以製作與應用學習為重點，值得作為更多學位課程的模範。

我們需要構建學習的框架來支持「美麗的意外」，形塑一種能夠讓學習者在喜歡的空間裡自由活動的教育。課程的規定來自於我們對學生的願景，也許我們轉而著重框架的建構，就能夠規畫出一套課程，讓學生們可以「打造」自己的教育。

以上有關藝術和設計教育的談話，對於我們如何教育孩子，具有重要意義。要如何將「求知而行」的原則應用到 K-12* 年級的課堂中？如何傳授孩子進入未知、接觸材料、解決問題、即興創作，以及在課程的框架中學習？

一些學校和教育哲學已針對這些問題進行了探討，甚至直接運用了一些原則。舉例來說，教

* 譯註：K-12 是指從幼兒園（Kindergarten，通常五 - 六歲）到十二年級（grade 12，通常十七 - 十八歲），將幼稚園、小學和中學教育合在一起的統稱。這個名詞多用於美國、加拿大及澳大利亞的部分地區。

育領域的建構主義運動，即呼籲應用實作教學法（pedagogy of making），甚至將他們的方法稱作「問題導向學習法」（problem-based learning），和設計思維具有諸多連結，也同樣地令人著迷。正如第一章所提到的，約翰・杜威（John Dewey）在其實用主義哲學中提出了「做中學」的概念，這種方法與西方最知名的創意教育——包浩斯（Bauhaus）運動——有著深刻的連結。華特・格羅培斯（Walter Gropius）在其包浩斯藝術教育中所展開的基礎工程，就採用了杜威的進步主義教育理論（progressive educational doctrines）作為教學模式的基本原則。

我曾與不少將「求知而行」融入K-12教育的教育工作者交談過。比方說多琳・尼爾森（Doreen Nelson）教授的研究工作和她的「設計本位學習」（Design-Based Learning, DBL）*體系，它們強而有力地說明了，這些原則如何在初等教育中發揮作用。尼爾森的重點是透過對概念、原則或想法的三維創造，讓孩子們能夠理解和整合。

例如我曾觀摩過老師使用設計本位學習教學法教授納撒尼爾・霍桑（Nathaniel Hawthorne）的小說《紅字》（*The Scarlet Letter: A Romance*），學生們建立了模型（城市），在空間上體現了對關係、階級差別和分化的認識（或是女主角赫絲特・普林〔Hester Prynne〕的孤立）。當學生在建構三維結構時，他們便在閱讀之外進行了深入探索，「創造」了關於律法主義（legalism）、

* 譯註：一種跨領域學習的新興教學方式，將「設計思考」和「設計實作」融入教學，以學習者為中心，培養創新產品、系統和解決方法的能力。

罪惡（sin）和負罪感（guilt）的概念。

正如尼爾森所指出的，這些模型「本身並不是目的，而是一種方法。這種方法讓學生將自己視為所要學習內容的發明者，把教育材料與創造性思維連結起來」。她藉由把學生變成創作者來實現這個目標——一旦學生創造出各式各樣的三度空間後，尼爾森便會指定他們描述他們自己的設計方案（無論是一對一、小組討論，或是班級發表），藉此讓學生們真正擁有自己的創造物，對其更有感情。

歸根結柢，設計本位學習就是要為學生創造一個工具，讓他們把抽象的學術概念和具體的想法連結起來，並針對他們在這個過程中遇到的挑戰，見招拆招，想像出創造性的解決方案。它為學生提供了環境，讓他們「展現」自己的思考和發現。他們在某個領域學到的方法，很可能在另一個領域同樣適用。因此，學習就會以一種方式被整合起來（而不是去規定東、規定西），可以作為課程設計的框架。[17]

蓋兒・貝克（Gail Baker）是一位創新教育者和教師培訓師，她致力於所謂的「藝術課程」，與「求知而行」的原則有所契合，並和尼爾森所做的研究相符。貝克認為，在許多不同的領域，都有運用藝術當作學習和發現的敲門磚。在她所創辦的學校裡，人們透過音樂、戲劇故事、表演寫作和即興創作，建立了一套批判性參與的機制。她設定了「行動」的形式，讓學生們能夠更深入地「知曉」自己所學的知識內容。

她告訴我：「對於許多孩子來說，這是理解事物的入場券，或是更上一層的領悟！」與尼爾森相同，貝克也相信藝術可以實現其他方式無法實現的統合：「傳統教育的問題在於一切都是分開教授的——我們要學文法、要上自然發音課、還要搞懂數學，但是孩子們因為無法把所有內容連結起來，所以拼字和數學能力變得奇慘無比。而藝術可以將一切整合。」

尼爾森和貝克的研究工作提供了一些案例，說明「求知而行」的觀念如何開始改變我們對教育的思考，並試圖解決一個更大的問題：我們如何在不同階段的教育善用「行動」與「知曉」的關係。事實上，倘若人類的學習與行動的經歷有關，要怎麼做才能轉化為教育學程呢？我認為，「求知而行」的應用對教育的系統有絕對的助益。

「求知而行」的領導力

多年前，我接觸到一個精采絕倫的設計解決方案，地點位於荷蘭德拉赫滕鎮（Drachten）一個狀況百出的交通路口。該案例使我印象深刻，包含它豐富的隱喻，特別是在「求知而行」中思考如何領導。

當時（二〇〇三年），每天有超過兩萬輛汽車、數以千計的自行車騎士與行人通過這個路口，碰撞事故層出不窮，行人受傷屢見不顯，騎乘自行車發生的事故更是防不勝防。交通工程師祭出應對之道，他們增設了交通標誌、標線和號誌，警告駕駛人減速慢行，注意騎自行車的人和行人，並留心十字路口出現的各種危險。但是，就算增加了標誌和說明，危險並沒有輕易解除。(18)

這時漢斯・蒙德曼（Hans Monderman）加入了這項專案，他是一位「反直覺」的交通工程和設計師，厭惡交通標誌。蒙德曼提出大異其趣的觀點來解決這個問題，靈感來自對川流不息的溜冰場群眾的觀察。他注意到，即使沒有任何明文規定，溜冰場上的玩家似乎也會互相避讓，或者放慢速度、自然地轉向，來防止發生碰撞。這和鳥群或魚群的行為是相似的，這些群體似乎有一種本能，可以在不發生意外的情況下，以精確的陣列共同移動。蒙德曼說：「交通工程師只會搞麻煩！一旦道路出現問題，他們總是試著多加一些東西進來。在我看來，最好是去掉一些！」(19) 而這正是他所做的。

蒙德曼取消了所有紅綠燈、警告標誌、行人斑馬線等，打造一個環形道路。他說：「街道與人行道之間沒有車道標示或路緣石，因此大家反應不過來汽車區在哪裡結束、行人區在哪裡開始。對車輛的駕駛人來說，這個十字路口非常不明確——這正是設計要解決的關鍵所在。」(20)

靠著設計出來的結構，大家自然而然地放慢了自己的速度，互相留意著對方，發生事故的次數立即大幅下降。為什麼會這樣呢？原因是大家更加專注於自己的行動，這樣設計出的環境激發了他們好的一面——這是一種自然的傾向，倘若規則和法規淩駕一切，這種傾向就會蕩然無存。

蒙德曼觀察到：「行人和騎自行車騎士以前都會避開這個地方，不過現在，汽車會注意騎自行車的人，自行車騎士也會留意行人，每個人都會互相留心。我們不能指望靠交通標誌和街道標示來鼓勵這種行為，而是必須把人們的行為融入在道路設計中。」[21]

蒙德曼的交通解決方案不僅是一個強而有力的例子，說明了設計如何為人類體驗帶來深刻的改變和影響，同時也是對「領導力」很有說服力的隱喻，它運用了「求知而行」的基本原則。歸根結柢，這是一個關於權威如何發揮作用的問題，它是一種思維方式，重點並非事情應該如何發展由上而下的願景（以及相應的規則和條例），而是放更多的心思，創造一個人類可以成長茁壯和蓬勃發展的空間，這是深掘人們內在關愛的一種方法。用「求知而行」的精神來解釋，環形道路是一個即興創作的框架，它是呼籲大家以創意的方式參與，是人們共同透過行動找到的安全設計方案。

「追隨者」（follow the leader）的觀念通常建立於「擁有正確解答」的假設之上，讓人們以為，必須遵循某條道路以找到它；相對而言，領導人們投身創意的限制和架構從而理解，則是一種經由共同創造所找出的方向。

「求知而行」的原則使得我們思考，究竟領導人是如何為他們的對象建立「環形道路」的。可以肯定的是，以充滿不確定的旅程來取代權威式的想望，使人感覺更加充滿危機！對危機的擔驚受怕，會使我們更傾向於追隨一個能夠提出明確指令的人，以確保我們的安全。但是蒙德曼指出，當領導者加入共同決策的過程時，人們有機會獲得更好的解決方案（或安全福祉）。

亞當・菲利普對蒙德曼的作品作出評論：「當紅綠燈被拆除時（這是當代大家熟悉的故事之一），可怕的預想並沒有發生。事實上，跟以前相比（或者還有其他原因），情況幸運地變得更好了——事故減少了、交通改善了、民怨降低了、常識提升了。另一種可能的故事則是，紅燈被撤除了，帶來超乎我們想像的壞結果，而這種壞想像，正是所有的悲劇和專制統治者不斷灌輸我們的。」(22)

人們的「壞想像」正是暴君控制民眾的套路之一，如此他們才能夠操作那些平息恐懼的手段。然而，代價是什麼呢？

在此我提出對於領導力的建議。它並非一個無時無刻、不分情況都適用的祕訣，也不是一個永遠占優勢的模式。真正吸引我的，是如何利用人們既有的創意和「求知而行」的原則來領導。我著迷於為深刻行動所創造出來的創意空間，這種空間，由群體的智慧與價值，以及人性最好的一面（努力維持和諧以避免令人害怕的衝突）所驅動。

我也承認「求知而行」的領導方式可能是一項極艱鉅的工作，因為它需要所有的成員為最終的結果負責，而且常常與領導者的期望和預判背道而馳。這種領導方式，還得需要安全感才能讓創意可能發生（允許所有的停滯與啟動、成功與失敗）；倘若創新的想法來自於不安全感時（像是蒙德曼環形道路的案例），問題就會變得更加嚴重。

我必須坦承，一旦有人問起我對自己領導的組織「有什麼願景」時，我會感到苦惱。說不定我誤解了這個問題的意思，但我總覺得自己好像是在接受考驗一樣，別人要測試我能不能精確地描述一些尚未發生的事情——我似乎要把自己看到的，那個被禁錮在石頭裡的天使告訴大家！然而，正如前述的那樣，我從來沒有這樣做過，也不認為這樣對群體是最好的。在每一種情況下，我都抱持著深刻的價值、對教育的熱情、對創意的熱忱、健全的財務原則和組織架構、基本的道德框架，以及明確的優先事項。然而，但這些都只是架構。我所選擇的，是我與群體共同發展的道路，一起走向未知的地方。

我的工作是關於過程、對話，將從一群學生、教師、員工、學校或社群的董事、校友和社群支持者的參與中，所產生的想法和觀點加以闡述，提出其中精華。我認為我的工作（現在仍然這麼認為）是建立一個「環形道路」——它會釋放群體的固有智慧，來決定大學可以是什麼樣子、應該是什麼風貌。根據我的經驗，這種方法產生了最好的結果，因為群體透過實踐，了解自己的方向，因而共同獲得實施它所產生的一切。這就是「求知而行」的領導力。

企業家的北極星

在探索「求知而行」的原則與領導力的關係時，我聯繫上幾位有創業經驗的人士。我渴望了解，企業家在多大程度是為了實現事先就已經存在的企業願景，而不是遵循「求知而行」的發現過程。

山姆．曼恩（Sam Mann）是一帆風順的連續創業家，同時也是設計師和藝術家。我們交談時，他跟我提到了幾個關於公司的發展與演變，以及創建公司過程的故事。我希望他能透露更完整的訊息，問道：「創辦這些公司時，你是不是對它們的未來和發展方向有一個策略願景？」

「老天爺啊！並沒有。哪有這種事！」這是他的回答——在我採訪過的企業家中，他的回答是一種相當標準的說法，「東西有它自己的生命，而我只是車輪上的另一個齒輪而已，事情在發展、進行，去做就對了。對我來說，事情一直都是去做就對了！」

倘若驅動企業家的不是「願景」，那又是什麼呢？被譽為「網路之母」的琳達．溫嫚（Lynda Weinman）的回答最令人誠服。一九九五年，溫嫚與丈夫兼生意夥伴布魯斯．海文（Bruce Heavin）聯手創辦了Lynda.com。雖然一開始，它只是為了讓溫嫚作為一名教師和網頁設計書籍作者的工作更上一層樓的測試，不過Lynda.com最終開創出一種備受推崇的高效率線上學習方法。短短二十年間，該公司線上圖書館的規模和品質都變得無與倫比。二〇一五年，領英（LinkedIn）以十五億美元的價格收購了Lynda.com。

溫嫚的回答十分平實：「起初並沒有什麼精心研擬的策畫與展望，它是一個反覆進化、迭代漸進的過程，是一個駕馭沿途出現的障礙和目標的過程。」

「不過，是什麼引導了妳呢？」我抽絲剝繭地問。

「嗯，你知道的，大部分的原因是為了生存，純粹的實用主義。它指引著我們，因為我們必須前往有自然需求的地方，而且在那兒得到市場的驗證。另一方面則是價值體系，一種對學習和教學方式的信念，那便是我們的北極星。」

溫嫚透露了她身為教師的堅定信念。她苦口婆心要大家摒棄「教師最懂、最權威的心態」，對她而言，這種心態是對良好教育的詛咒，「學習方法沒有對錯之分。人有百百種，需要的東西各不相同。我的意思是，我們在腦袋裡形成的（以及學校加諸在我們身上的），包括我們擅長什麼、不擅長什麼，這些標籤都得去掉。這是我的價值觀和教學精神。」

對學習方式的深刻理解和務實主義，都是「北極星」的要素，它們是指引方向的準則、架構與基石。然而，讓她進入未知旅程的契機是什麼呢？這會是一個「如何使科技普及、令其容易取得，消除令人生畏的高科技學習障礙」的問題。「這會是一種非常不同的理念，但我認為它能引起大家的共鳴。」她反思道，「它更加兼容，能夠培養和陶冶，且寬容隨意得多。我的『北極星』是一種教學的方法和信念，關於大家如何學習，以及如何尊重那些尚未理解的人。我相信，這顆北極星永不會被改變。」

我認為溫嫚所提出的，「事先預想的願景」與「北極星的價值」之間的區別，對以「求知而行」為原則的領導方式非常重要。海文與她都非常清楚，Lynda.com是透過創造、實驗、即興創作，以及（如海文迅速補充的那樣）經過「連連挫敗」而發展起來的；Lynda.com是經由發現和探索的旅程所展現出來的結果，而他們的領導方式則與創造出來的環境休戚相關。

我總結和溫曼的談話，向她表示，在我們的文化中，企業家常常被稱為偉大的遠見者，像是藝術家一樣，每每被認為要將已知的事情展現出來。

「是的，這是同一件事，」她點頭稱道，「我完全同意這種對比。」

「或許他們也是創作者。」

「沒錯，我確實發現了這一點。對我來說這絕對是真的！」

進入未知

「最重要的是，你必須把生活當作一件藝術品來打造。」——亞伯拉罕・喬舒亞・赫雪爾拉比（Rabbi Abraham Joshua Heschel）(23)

最後，我認為透過「求知而行」進行生活的探索，我們得回到「進入未知」這項基本原則。大多數時候，我們都面對著未知的領域——我們站在神祕難解、陌生未明的界線上，自然會感到恐懼和焦慮，猜測著進入一個陌生且令人困惑的環境所會遭遇的風險——挑戰無所不在，它可能令人窒息。這種體驗與我們生活中大大小小的事情，從決定如何度過每一天，到最深層次的精神追求，都有著密不可分的關係。

如果藝術家和設計師以及他們實踐「求知而行」能夠給我們帶來什麼啟示，那就是：未知即是創造的空間。在這個空間裡頭，我們可以透過有趣且富有想像的行動來發現和探索；它讓我們在大膽一試之前，先引導我們了解那些不能預先看見的事物，讓我們不再用模糊與不確定的方式決定自己的生活。

實踐與知曉，進入未知，利用生活的物件去探索與發現，即興創造屬於自己的理解方式。這一切過程說明了，我們的創意與面臨的所有事情，都有密切關聯。

最後，我認為，是我們創造了生活。在我們創造生活時，也逐漸知曉其意義。

致謝

本書討論了行動會帶來什麼啟示，而這本書發展的故事就是一個適當的例子。但是，如果沒有一群慷慨大方、才華洋溢的傑出人士，本書就不可能問世。謹在此表達我的謝意。

我先從採訪過的藝術家和設計師開始感謝起。本書「求知而行」的核心內容是由創意人士講述他們的創作過程的故事，我把他們的故事組織起來，但是素材來自於他們，我被他們的慷慨和誠實的洞察力所深深感動。只不過，我並無法把所有受訪者的全部經驗一一囊括進來，除了我在本書介紹的大約五十位人士之外，還有許許多多人士也貢獻了他們的智慧。他們可能沒有直接被提到過，但是他們的精神充斥在每一頁裡，我對他們感到千恩萬謝！

我很幸運能與泰晤士和漢德森出版社（Thames & Hudson）超群的團隊合作。我非常感謝精明能幹、深思熟慮的盧卡斯・迪特裡希（Lucas Dietrich）（感謝潔西卡・赫爾芬德〔Jessica Helfand〕把我介紹給盧卡斯），以及細心熟練的埃維・塔爾（Evie Tarr）。我還要感恩我的文案編輯卡蜜拉・洛克伍德（Camilla Rockwood）克盡厥職——一個人的寫作能受到對方的充分照料、關懷備止，這是多麼幸福的事啊！我也同樣榮幸能與才華出眾的西恩・亞當斯合作，我非常欣賞他為本書設計的封面。

馬克・布賴滕貝格（Mark Breitenberg）和克莉絲蒂娜・斯卡沃佐（Christina Scavuzzo）兩位同事，他們是本書初期的研究、構思和概念框架的制定和發展方面的得力助手。此外，瑪利歐・阿森西奧（Mario Ascencio）這位無出其右且始終氣度寬厚的藝術中心設計學院圖書館的館長，多次大有作為、發揮他獨特的魅力來支持這項企畫案。然後，在這個過程的關鍵時刻，我的好友丹・波利薩（Dan Polisar）則是當了空中飛人，到世界各地參加了為期三天的一對一密集止語營（閉關）——只為了談論這本書，並為我指引道路，我對他感激不盡！

二〇一八年，我獲得了藝術中心設計學院（ArtCenter College of Design）董事會批准的部分暑期學術休假，這段寶貴的時間讓我得以騰出行程，完成了本書的部分寫作。我尤其要向我的朋友、當時的董事會主席的小羅伯特・C・大衛森（Robert C. Davidson, Jr.）稱謝，對他自始至終給予支持，我感恩戴德。

我想對「改變實驗室」（Change Lab）的傑出嘉賓再三申謝，這是我在藝術中心設計學院主持的播客，我們的對話都非常激動人心，能有機會與這麼多富有深度創意的思想家和創作者進行對話，我謹致謝忱，他們也影響了這本書。

我還想提一下賦予我源源不絕的靈感和鼓勵的安・漢彌爾頓，她是一位卓絕群倫的藝術家，我們倆在認識創作與理解之間的豐富關係方面意氣相合、有共同點。如果不是我的朋友史蒂夫·奧利弗（Steve Oliver），我可能永遠不會有機會前往俄亥俄州哥倫布市，去安的工作室拜訪她——這是我永遠不會忘記的一次有意義的經歷。

在採訪各個不同藝術家和設計師時，有多位人士出手相助，在這方面，我想表揚亞倫·阿爾伯特（Aaron Albert）、萊斯利·瓦爾皮（Leslie Valpy）、多琳·尼爾森（Doreen Nelson）、梅麗莎·巴拉班（Melissa Balaban）和亞當·韋格萊斯（Adam Wergeles）的幫助。我尤其要向我的摯友莉亞·切爾尼亞克（Leah Cherniak）道謝，是她一手為我打開了全多倫多戲劇界的大門，在她的幫助下，我得以採訪到一些才華蓋世的演員和導演。我還要答謝傑出的多倫多靈魂胡椒劇團（Soulpepper Theatre Company），鳴謝他們熱情接待我，並為我提供了進行採訪的場所。

我理所當然該感謝願意閱讀這本書眾多草稿的慷慨讀者（有些讀者讀完了全稿，有些讀者則閱讀了個別章節），我為他們付出時間並提供寶貴意見向他們致敬——基特·巴倫（Kit Baron）、莉亞·切爾尼亞克、潔西卡·赫爾芬德、凱倫·霍夫曼（Karen Hofmann）、大衛·麥坎德利斯（David McCandless）、帕蒂·麥坎德利斯（Parthy McCandless）、安妮·麥克蓋迪（Annie McGeady）、丹·波利薩（Dan Polisar）、艾莉森·夏皮羅（Alison Shapiro）、克莉絲蒂·斯賓斯（Christine Spines）、湯姆·史登、理查·提切克特（Richard Tithecott）、史蒂夫·維恩伯格（Steve Vineberg）。我衷心感謝他們，沒有他們的關心和觀點，我無法想像這本書會是什麼樣子。懷著為人父母才會感受到的特殊自豪感，我把我的兒子扎卡里（Zachary）也列入了這份珍貴的讀者名單中，他的設計專長、聰明才智和敏銳都讓人敬佩，得到子女的指導是一種多麼特別的感覺啊！

我的朋友、同事和藝術中心設計學院的合作夥伴希拉・劉（Sheila Low），她無所不能，而且做起事來盡善盡美，聰慧、有創意、盡心盡力，說不定還是地表上最能幹的人呢！在這本書、以及幾乎其他所有事情上，她給予的支持超出了所有合理的預期，我對她萬分感激！

我對我崇高偉大的人生良師益友——法蘭西斯・馬提諾、詹姆斯・霍利斯、傑德・塞科夫（Jed Sekoff）和已故的愛蓮娜・普羅瑟（Eleanor Prosser）感激涕零！他們都關愛著我的靈魂，賜予我力量，讓我找到自己的創意和專注力。

再來是我親愛的人，我的父母費吉・布克曼（Faygie Buchman）和莫瑞・布克曼（Murray Buchman），他們一直是我的力量源泉和每一段經歷的基石。我的兄弟姐妹和他們的伴侶——艾倫・喬伊（Ellen Joy）、史帝芬（Stephen）、珊蒂（Sandy）、蓋兒（Gail），以及我的姻親兄弟姐妹——班（Ben）、蘇西（Susie）、歐文（Irv）和凱西（Kathy），無時無刻不在鼓勵著我。他們的關懷和支持始終伴隨在我左右。

獻給我卓越超群的孩子、繼子和孫子——伊麗莎（Elissa）、札卡里（Zachary）、肖莎娜（Shoshana）、傑瑞米（Jeremy）、阿裡（Ari）、貝絲（Beth）、希拉（Shira）、猶大（Judah）和小羅曼，你們的愛是我的靠山！

說到愛，我要以瑞琪爾（Rochelle）為結尾。這本書的大部分內容都是我們共同經歷的「求知而行」的過程。她是一位一流的編輯、一位優秀的讀者、一位慷慨無私的思想家，一位說不出心地有多善良的女性！她是一位棒透了的合作夥伴！用莎士比亞的話說：「除了叩謝、再叩謝，而且永遠叩謝，我無法再有其他應答了……」

艾米・班德（Aimee Bender）

作家、也是南加州大學創意寫作教授，她的著作包括《紐約時報》著名書籍《穿著易燃裙子的女孩》（*The Girl in the Flammable Skirt*）、《洛杉磯時報》年度精選《我自己的隱形標誌》（*An Invisible Sign of My Own*）、榮獲南加州獨立書商協會（SCIBA）最佳小說獎和亞歷克斯獎（Alex Award）的《檸檬蛋糕的特種憂傷》（*The Particular Sadness of Lemon Cake*），以及最近的《蝴蝶燈罩》（*The Butterfly Lampshade*）。班德的短篇小說散見於《格蘭塔》（*Granta*）、《GQ》、《哈潑雜誌》（*Harper's*）、《錫屋》（*Tin House*）、《麥克斯威尼》（*McSweeney's*）和《巴黎評論》（*The Paris Review*）等雜誌上。

艾拉納・布呂奇瓦特（Alana Bridgewater）

演員和歌手，她曾是加拿大兒童歌劇院合唱團（Canadian Children's Opera Chorus）和多倫多孟德爾頌青年合唱團（Toronto Mendelssohn Youth Choir）的成員，也是納撒尼爾・德特合唱團（Nathaniel Dett Chorale）的創始成員。2007 年，布呂奇瓦特憑藉她對福音聖誕節企畫案（Gospel Christmas Project）（加拿大廣播公司〔CBC〕出品）的貢獻，而獲得雙子座獎（Gemini Award）提名。

艾美・諾斯巴肯（Amy Nostbakken）

屢獲殊榮的導演、作家、表演者暨作曲家，她是多倫多「前引號後引號集合體」（Quote Unquote Collective）劇團的聯合藝術總監。艾美與他人合作、並創作了不少作品，包括《大煙》（*The Big Smoke*）（2011）、《燃燒之星的民謠》（*Ballad Of the Burning Star*, 2013）、《傳聲筒》（2015）、《清單一籮筐》（*Bucket List*）（2016）以及《現在你看到她》（*Now You See Her*）（2018）。《傳聲筒》（由 Coach House Press & Oberon UK 出版）已被翻譯成西班牙語、法語、土耳其語以及羅馬尼亞語，並被改編成由帕特里夏・蘿茲瑪（Patricia Rozema）執導的故事片，該電影 2018 年在多倫多國際影展（TIFF）開幕。艾美目前正在創作「前引號後引號集合體」劇團的下一部作品《全民兒童保育》（*Universal Child Care*），於 2023 年首映。艾美現在教授成人和年輕人戲劇與聲樂。

安迪・奧格登（Andy Ogden）

設計師和創新顧問，他是藝術中心設計學院研究所工業設計課程的主席，他還是創新系統設計（ISD）課程的共同創始人暨執行董事，該課程與克萊蒙研究大學（Claremont Graduate College）的杜拉克管理學院（Drucker School of Management）合作，提供工業設計碩士和企業管理碩士雙學位。奧格登曾任華特・迪士尼幻想工程（Walt Disney Imagineering）研發部副總裁兼執行設計師，他也是本田美國研究院（Honda Research of America）頗具影響力的汽車設計師。

安・菲爾德（Ann Field）

插畫家，也是藝術中心設計學院大學部插畫系主任，她的作品刊登在《倫敦旗幟晚報》（*London Evening Standard*）、《年輕未婚女生》（*Mademoiselle*）和《Vogue 義大利版》（*Vogue Italia*）雜誌上。她獲得紐約插畫家協會（Society of Illustrators）「美國插畫、印刷和繪畫工具」（American Illustration, Print, and Graphis）頒發的獎項。她的作品被紐約史密森尼庫柏修伊設計博物館（Cooper Hewitt, Smithsonian Design Museum）永久收藏。

安・漢密爾頓（Ann Hamilton）

國際認可的視覺藝術家，她以融合了影片、物品和表演等多種元素大型多媒體裝置作品而享譽全球，她的作品在世界各地展出，包括在法國里昂當代藝術博物館（Musée d'Art Contemporain）和紐約現代藝術博物館（Museum of Modern Art）舉辦個展。1999 年，漢密爾頓被選中代表美國參加威尼斯雙年展（Venice Biennale），她獲得的榮譽包括國家藝術獎章（National Medal of Arts）、麥克亞瑟獎學金（MacArthur Fellowship）和古根海姆獎學金（Guggenheim Fellowship）。

安妮・伯迪克（Anne Burdick）

設計師、作家，也是藝術中心設計學院媒體設計實踐（Media Design Practices, MDP）研究所前任系主任，她學術工作的重點領域是確定研究生在設計方面的教育和研究的未來。伯迪克是出版品《數位人文》（*Digital_Humanities*）的共同作者和設計師，她設計的奧地利科學院（Austrian Academy of Science）實驗文本字典《*Fackel Wörterbuch: Redensarten*》獲得了萊比錫書展獎（Leipzig Book Fair Prize）「世界上最美書籍」獎。

克莉絲・克勞斯（Chris Kraus）

作家、藝術評論家和編輯，她能夠游刃有餘詮釋自傳、小說、哲學和藝術評論，她的作品包括小說《我愛迪克》（最近在亞馬遜〔Amazon〕上被改編成電視劇）、《蟄伏》（*Torpor*）、《仇恨之夏》（*Summer of Hate*）、《凱西・阿克爾之後：傳記和社會實踐》（*After Kathy Acker: A Biography and Social Practices*）。克勞斯是頗具影響力的 Semiotext(e) 出版社的聯合編輯，她將許多當代法國理論介紹給美國讀者。

考特妮·E·瑪汀（Courtney E. Martin）

作家、演說家以及社會和政治活動家，她因她的著作而出名，其中包括最近的《在公共場所學習：我女兒學校給種族分裂的美國的教訓》（*Learning in Public: Lessons for a Racially-Divided America From My Daughter's School*），以及她擔任《存在》（On Being）每星期專欄作家的作品。她還與他人共同創立了「解困新聞學網絡」（Solutions Journalism Network）以及新鮮發言人局（FRESH Speakers Bureau）。

戴夫·比迪尼（Dave Bidini）

作家、音樂家和紀錄片製片人，他是加拿大獨立搖滾樂隊「電阻樂團」（Rheostatics）的創始成員，他寫過 12 本書，包括《寒冷之路》（*On a Cold Road*）、《曲棍球回歸線》（*Tropic of Hockey*）、《57 1/2 表演環遊世界》（*Around the World in 57 1/2 Gigs*）和《聚散離合》（*Home and Away*）。比迪尼是唯一大滿貫囊括加拿大三大娛樂獎項提名的人，這三大獎項分別是：電視雙子座獎（Gemini award）、電影吉尼獎（Genie award）和音樂朱諾獎（Juno award）。

大衛·莫卡斯基（David Mocarski）

設計師，也是藝術中心設計學院環境設計系研究所和大學部系主任，他是 Arkkit forms 的負責人，這是一家跨領域設計工作室，從事產品包裝、家具設計、企業品牌和形象開發，以及住宅和合約空間企畫案。

丹尼斯·菲利浦（Dennis Phillips）

詩人暨作家，他寫了《中世紀世界地圖》（*Mappa Mundi*）和《處置》（*Measures*）等 17 本詩集，並翻譯了義大利詩人米利·格拉菲（Milli Graffi）和蘇珊娜·拉比蒂（Susanna Rabitti）的作品。1998 年，他編輯並撰寫了簡介，介紹一本關於詹姆斯·喬伊斯（James Joyce）早期文章的書《喬伊斯論易卜生》（*Joyce on Ibsen*）。2007 年，他的小說《希望》（*Hope*）出版。

戴安娜・席爾特（Diana Thater）

著名的藝術家、策展人、作家暨教育家，她是電影、影片和裝置藝術的先驅創作者，她的作品在世界各地的博物館展出，並被芝加哥藝術學院（Art Institute of Chicago）、都靈里沃利城堡（Castello di Rivoli, Turin）、洛杉磯縣藝術博物館（Los Angeles County Museum of Art）、紐約所羅門・R・古根漢美術館（Solomon R. Guggenheim Museum, New York）、紐約惠特尼美國藝術博物館（Whitney Museum of American Art, New York）、以及柏林漢堡車站美術館（Hamburger Bahnhof – Museum für Gegenwart, Berlin）收藏。

迪亞哥・馬塔莫羅斯（Diego Matamoros）

演員，過去 40 年來，他一直在戲劇、電影和電視領域演出，1998 年，他在多倫多與他人共同創立了靈魂胡椒（Soulpepper）劇團，並於 2006 年設立了該劇團的全年培訓課程。他在舞台和電影中的表演讓他獲得多座獎項，其中包括因在加拿大廣播公司（CBC）迷你劇《睡眠室》（*The Sleep Room*）中飾演戈德曼博士（Dr. Goldman）而獲得雙子座獎。

埃德加・阿爾塞諾（Edgar Arceneaux）

藝術家，他鑽研包括繪畫、雕塑、表演和電影形形色色的媒介創作，他是南加州大學羅斯基藝術與設計學院（USC's Roski School of Art and Design）的藝術副教授，他的作品在國際上展出，於上海雙年展、紐約惠特尼雙年展、舊金山現代藝術博物館、鹿特丹 Witte de With 博物館，和紐約現代藝術博物館登場。阿爾塞諾是瓦茨住宅企畫案（Watts House Project）的共同創辦人，該企畫案是洛杉磯瓦茨社區的非營利社區重建主動性舉措。

艾絲特・珀爾・沃森（Esther Pearl Watson）

藝術家、漫畫家、插畫家和視覺敘事大師，她的社論插圖曾出現在《紐約時報》、《麥克斯威尼》和《新共和》（又稱《新共和》周刊）（*New Republic*）等出版品上。她的漫畫作品《不可愛的》（Unloveable）自2004 年起在《半身像》（Bust）雜誌上連載。

法蘭西斯・馬提諾（Francis Martineau）

戲劇工作者、作家和音樂家，他曾發行過 3 張鋼琴即興音樂作品個人專輯，他還與大衛・格拉斯（David Glass）合作錄製了四手聯彈鋼琴即興作品，並與他一起發行了 3 張專輯。他還著有兩部小說《重重痛擊》（*Paddy Whack*）以及《毒液與芒果》（*Venoms and Mangoes*）。馬蒂諾曾任多倫多大學教授，並在該校創立了大學學院戲劇課程。

法蘭克・蓋瑞（Frank Gehry）

國際知名的建築師，他以設計具有複雜弧形建築物外牆的代表性建築而聞名，其中包括西班牙畢爾包古根漢美術館（Guggenheim Bilbao）和洛杉磯華特・迪士尼音樂廳（Walt Disney Concert Hall）。他贏得多項殊榮，包括普立茲克建築獎（Pritzker Architecture Prize）、國家藝術獎章（National Medal of Arts）以及總統自由勳章（Presidential Medal of Freedom）。

法蘭茲・馮・霍爾茨豪森（Franz von Holzhausen）

汽車設計師，他目前是特斯拉公司（Tesla Inc.）的首席設計師，參與設計了特斯拉 S 型、特斯拉 X 型、特斯拉 3 型、第二代特斯拉 Roadster 純電動跑車、特斯拉 Cybertruck（或賽博皮卡）、特斯拉 Semi 和特斯拉 Y 型。此前他曾在福斯汽車公司（Volkswagen）、通用汽車公司（General Motors）和馬自達汽車公司（Mazda）工作過。

費里多利・貝塞特（Fridolin Beisert）

設計師和作家，他是 Baum-Kuchen.net 的創意總監，也是藝術中心設計學院產品設計系的主任，他教授創意問題解決、設計創新和動態素描。貝塞特的最新著作是《創意策略：解決設計問題的十種方法》（Creative Strategies: 10 Approaches to Solving Design Problems）。

蓋兒・貝克（Gail Baker）

教師、作家、管理人員和研討會／工作坊主持人，她是多倫多聯合希伯來學校（Toronto Heschel School）的創辦人之一，這是一所藝術類猶太日校，她擔任該校的校長逾 10 年。她還與他人共同創辦了「跨代課堂」（The Intergenerational Classroom），這是一個為學生和老年人創造綜合學習機會的課程，她為《羅拉・斯坦研究所（Lola Stein Institute）期刊》撰寫專欄「好書」（Good Books）。

希勒爾・蒂蓋（Hillel Tigay）

歌手、音樂家和作曲家，他是洛杉磯 IKAR 的音樂總監暨詩班長，蒂蓋在他的專輯《猶太教》（*Judeo*）中，根據《詩篇》和傳統猶太禮拜儀式，為歌曲譜寫了當代旋律以及歌詞。他與他人共同創建了前猶太饒舌樂團（M.O.T.）。蒂蓋於 2020 年發行了《猶太教第二部：活著》（*Judeo Vol II: Alive*），而且目前正在發行一張名為《棕櫚站》（*Palms Station*）的當代藝術流行音樂專輯。

詹姆斯・霍利斯（James Hollis）

榮格精神分析師，從事私人執業，曾任華盛頓特區榮格學會（Jung Society of Washington, D. C.）主任、位於休斯頓的 C.・G. 榮格教育中心（C.G. Jung Educational Center of Houston）名譽主任。他著有 17 本著作，包括《尋找生命後半段的意義》（*Finding Meaning in the Second Half of Life*）、《什麼事最重要？活出更深思熟慮的人生以及為什麼好人會做壞事？理解黑暗面的自我》（*What Matters Most: Living a More Considered Life and Why Good People Do Bad Things: Understanding our Darker Selves*）。

庫寇特・史威漢姆（Kurt Swinghammer）

創作型歌手、音樂家暨視覺藝術家，他已發行了13張原創歌曲的完整（完整長度）專輯，而且他以錄音室樂手／臨時樂師的身分，參與製作了一百多張CD，他的作品被加拿大藝術銀行（Canada Council Art Bank）永久收藏。住在多倫多的史威漢姆還擔任插畫家、平面設計師、服裝設計師、布景設計師以及音樂錄影帶藝術總監。

莉亞・切爾尼亞克（Leah Cherniakis）

戲劇製作人、導演、演員和教師，她是多倫多哥倫布劇院（Toronto based Theatre Columbus，現為普通靴子劇院〔Common Boots Theatre〕）的創始人之一，也曾是靈魂胡椒劇團的常駐藝術家。切爾尼亞克演出並導演了普通靴子劇院的大部分演出劇目，其中包括獲獎的演出劇目《歐尼斯特和歐內斯廷的憤怒》（The Anger in Ernest and Ernestine）；最近，她執導了一部名為《我陽台上的明信片》（*Postcards from my Balcony*）的短片，並在多倫多戲劇中心（Toronto's Theatre Centre）共同創作和共同執導了多媒體沉浸式戲劇作品《這裡是碎片》（*Here are the Fragments*）。

喬瑟夫・迪・普利斯科（Joseph Di Prisco）

作家和教師，他出版過多部小說：《菲茨傑拉德的好家庭》（*The Good Family Fitzgerald*）、《西貝拉與西貝拉》〔*Sibella & Sibella*〕、《伊萊兄弟的自白》（*Confessions of Brother Eli*）、《太陽城》〔*Sun City*〕、《一切為了現在》（*All for Now*）以及《阿爾紮默》（*The Alzhammer*）、3本詩集《黔驢技窮》（*Wit's End*）、《詩中的詩》（*Poems in Which*）以及《廉價座位上的視線》（*Sightlines from the Cheap Seats*）、兩本回憶錄：《開往加利福尼亞的地鐵》（*Subway to California*）和《布魯克林的教皇》（*The Pope of Brooklyn*），並與心理學家暨教育家麥可・里艾拉（Michael Riera）合著了兩本關於童年和青春期的書《一秒搞懂美國青少年》（*Field Guide to the American Teenager*）和《黑白分明》（*Right from Wrong*）；他是新文學企畫案（New Literary Project）的創始主席。

琳達．溫嫚（Lynda Weinman）

企業家、網頁暨動態圖形設計師，著有多本暢銷書，其中包括第一本關於網頁設計的出版物。琳達．溫嫚有時被稱為「網路之母」，她是 lynda.com 的聯合創始人兼執行主席。lynda.com 成立於 1995 年，是一家開創性的線上教育平台，2015 年被領英（LinkedIn）以 15 億美元收購。

瑪姬．亨德莉（Maggie Hendrie）

藝術中心設計學院互動設計（交互設計）學士學位的創始主席暨研究所媒體設計實踐主席，她還是「資料到發現」（Data to Discovery）的共同主持人，這是與加州理工學院（Caltech）和噴氣推進實驗室（JPL）聯合展開的一項可視化互動（交互）式資料視覺化的專案。作為一名擁有 25 年經驗的互動設計（交互設計）師暨使用者體驗策略師，亨德莉在美國和歐洲從事過一系列技術和平台方面的工作。

麥可．拉斯金（Michael Laskin）

舞台劇和電影演員，他在外百老匯和美國主要地區劇院（包括格思里劇院〔Guthrie Theater〕、路易斯維爾演員劇院〔Actors Theatre of Louisville〕和西雅圖輪演劇目演出劇院〔Seattle Repertory Theatre〕）出演過眾多角色。拉斯金的電影演出作品包括《愛情大臨演》（*Just Go With It*, 2011）、《陰謀密戰》（或譯《八人出局》）（*Eight Men Out*, 1988）以及《桃色機密》（*Disclosure*, 1994）。

麥可．馬爾贊（Michael Maltzan）

建築師，他設計過各式各樣建築，從私人住宅到文化機構，再到城市基礎設施都是，他設計的多戶住宅企畫案因其設計和施工方面的創新而在國際上打響名號。馬爾贊曾榮獲美國建築師學會頒發的 5 項進步建築獎和 22 項表揚。

尼克・哈佛馬斯（Nik Hafermaas）

設計師和教育家，他是柏林創新機構「奮鬥品牌實驗室」（Graft Brandlab）的管理合夥人，也是數位媒體暨空間體驗藝術家平台「比比皆是國際」（Ueberall International）的創辦人。在擔任藝術中心設計學院大學部和研究所平面設計課程主席後，哈佛馬斯成為該學院柏林課程的執行董事。

保羅・桑塔盧西亞（Paolo Santalucia）

演員暨導演，他是獎項常勝軍劇團「浩然劇團」（The Howland Company）的創始人之一，他曾因為在「靈魂胡椒劇團」（多倫多的劇團）製作的《羅森・克蘭茨和吉爾・登斯特恩與世長辭》（*Rosencrantz and Guildenstern Are Dead*）和以及《關於人類的束縛》（*Of Human Bondage*），而兩度獲得多拉・梅佛・摩爾獎（Dora Mavor Moore Awards）的優秀劇團獎。

保羅・瑞德迪克（Paul Reddick）

歌手、作曲家暨口琴演奏家，三十多年來，他一直走遍加拿大、美國和歐洲舞台，表演他廣受好評的歌曲，他的最新專輯《馳騁唯一》（*Ride the One*）獲得了 2017 年朱諾獎（Juno Award）最佳藍調專輯獎，他常被稱為藍調桂冠詩人，在他的整個職業生涯中，他一直在挑戰藍調藝術形式的極限，他恪遵力行「藍調是一片美麗的風景」，這股動力促使他在 2014 年創立了一年一度的「當代藍調作曲鈷獎」（Cobalt Prize for Contemporary Blues Composition），以鼓勵藍調音樂發展。

寶拉・雪兒（Paula Scher）

著名的平面設計師、畫家暨藝術教育家，她為花旗銀行、可口可樂、大都會歌劇院、現代藝術博物館（MoMA）、紐約愛樂樂團（紐約愛樂交響樂協會）（New York Philharmonic）以及公共劇院（Public Theater）等客戶打造了令人難忘的形象和其他品牌作品，她獲得的獎項包括藝術總監俱樂部名人堂（Art Directors Club Hall of Fame）（1998）、克萊斯勒設計創新獎（Chrysler Award for Innovation in Design）（2000）、美國平面設計協會獎章（2001）和庫柏修伊國家設計傳達設計獎（Cooper-Hewitt National Design Award for Communication Design）（2013）。

拉寇兒・達菲（Raquel Duffy）

多倫多靈魂胡椒劇團的演員和常駐藝術家，她曾 7 次獲得朵拉・馬弗・摩爾獎（Dora Mavor Moore Award）提名，並憑藉《鱷魚派》（*Alligator Pie*）中可圈可點的表現而獲獎，她還曾因《瑪麗的婚禮》（*Mary's Wedding*）拿下羅伯特・梅里特獎（Robert Merritt Award）。

蕾貝卡・曼德斯（Rebeca Méndez）

藝術家、設計師暨教育家，她是加利福尼亞大學洛杉磯分校設計媒體藝術系的教授暨系主任，也是「反力實驗室」（Counterforce Lab）的主任，該實驗室是一間藝術與設計研究和實地考察工作室，致力於與環境正義相關的企畫案。曼德斯榮獲史密森尼庫柏修伊設計博物館頒發的 2012 年傳達設計國家設計獎，並因她在該領域的傑出成就，而榮獲 2017 年美國平面設計師協會獎章。曼德斯的作品曾在多家機構展出，包括舊金山藝術博物館（San Francisco Museum of Art）、洛杉磯哈默（或譯漢默）博物館（Hammer Museum in Los Angeles）以及墨西哥瓦哈卡當代藝術博物館（Museum of Contemporary Art in Oaxaca, Mexico）。

羅珊·薩默森（Rosanne Somerson）

工作室家具設計師／創作者、藝術與設計教育巨擘以及羅德島設計學院（Rhode Island School of Design, RISD）的名譽主席，薩默森也擔任羅德島設計學院的學院院長，並擔任家具設計系主任，該課程是她與他人共同構思和創立的。她的家具曾在包括巴黎羅浮宮（Louvre in Paris）的裝飾藝術博物館（Musée des Arts Décoratifs）等眾多場所展出，並且被史密森尼美國藝術博物館（Smithsonian American Art Museum）、耶魯大學美術館（Yale University Art Gallery）和波士頓美術館（Museum of Fine Arts, Boston）等私人和公共機構收藏，她曾在全球各地演講，並獲得了許多獎項，包括兩個美國國家藝術基金會（NEA）獎學金和佩爾（或譯裴爾）藝術（Pell Award）傑出領導獎。

羅斯·拉曼納（Ross LaManna）

編劇和作家，他目前是藝術中心設計學院電影系大學部和研究所的系主任，他曾為福克斯（Fox）、迪士尼（Disney）、派拉蒙（Paramount）、哥倫比亞（Columbia）、環球（Universal）、HBO 電影公司（HBO Films）和許多獨立公司撰寫原創劇本、改編劇本或改寫劇本。拉曼納因撰寫由成龍和克里斯·塔克（Chris Tucker）主演的電影《尖峰時刻》（Rush Hour films）而聲名大噪。

山姆·J·曼恩（Samuel J. Mann）

工業設計師、發明家和企業家，他擁有八十多項專利，其中最著名的是一種在零售環境中穿耳洞的快速無菌系統，目前已在全球使用。

西恩・亞當斯（Sean Adams）

國際公認的設計師，他是藝術中心設計學院大學部和研究所平面設計課程的主席，也是線上出版物《燃燒的定居者小屋》（*Burning Settlers Cabin*）和《西恩・亞當斯辦公室》（*The Office of Sean Adams*）的創始人。亞當斯為《設計觀察家》（Design Observer）撰稿並擔任編輯委員會成員，是 LinkedIn Learning 的螢幕作者，也是多本暢銷書的作者。他是美國平面設計協會（或直譯美國圖形藝術協會／美國圖形藝術設計研究院）（AIGA）史上唯一一位連任兩屆全國主席的人，2014 年，亞當斯被授予美國平面設計協會獎章，這是該行業的最高榮譽。

史帝芬・畢爾（Stephen Beal）

藝術家、教育家和學術領袖，他是加州藝術學院院長、也是繪畫教授。除了學術生涯之外，比爾還是一位從事創作的藝術家，他的作品在灣區和全美各地展出。

提姆・柯比（Tim Kobe）

享譽國際的設計師，他打造了蘋果直營店的最初概念，他是策略設計公司「八號公司」（Eight Inc.）的創始人暨執行長，該公司設有 8 個工作室，橫跨美國、歐洲和亞洲，八號公司採用跨學科方法打造品牌體驗，包括從事建築、展覽、室內、產品以及平面設計。柯比的客戶包括蘋果公司、維珍航空（Virgin Atlantic Airways）、花旗銀行、Coach 和 Knoll。

蒂莎・詹森（Tisha Johnson）

惠而浦公司（Whirlpool Corporation）全球消費者設計副總裁，最近，她曾擔任赫曼・米勒公司（Herman Miller）全球產品設計副總裁。詹森是汽車設計師，曾任富豪汽車公司（Volvo）內裝設計的副總裁，在此之前，她是富豪汽車公司概念和監控中心的高級設計總監，負責領導制定戰略和近期設計提案的外觀和內裝設計師團隊的所有活動。

湯姆・奈契特爾（Tom Knechtel）

藝術家，曾在藝術中心設計學院美術系任教，他的繪畫和素描作品常在各地展出，並被葡萄牙辛特拉現代藝術博物館（Sintra Museum of Modern Art, Portugal）、紐約現代藝術博物館（Museum of Modern Art, New York）、洛杉磯當代藝術博物館（Museum of Contemporary Art, Los Angeles）和洛杉磯縣藝術博物館（Los Angeles County Museum of Art）收藏。

湯姆・史登（Tom Stern）

小說《我消失的雙胞胎》（*My Vanishing Twin*）和《薩特菲爾德，你不是英雄》（*Sutterfeld, You Are Not A Hero*）的作者，他的作品也刊登在《麥克斯威尼》（*McSweeney's*）、《洛杉磯書評》（*Los Angeles Review of Books*）、《猴子自行車》（*Monkeybicycle*）、《回憶錄混音帶》（*Memoir Mixtapes*）和《超文本雜誌》（*Hypertext Magazine*）雜誌上。

溫蒂・麥克諾頓（Wendy MacNaughton）

《紐約時報》排名第一最搶手插畫家暨圖文記者，她曾是《紐約時報》和《加州星期日雜誌》（*California Sunday Magazine*）的視覺專欄作家，也是薩明・諾斯拉特（Samin Nosrat）的《鹽、脂肪、酸、熱》（*Salt, Fat, Acid, Heat*）、卡羅琳・保羅（Caroline Paul）的《勇敢的女孩》（*Gutsy Girl*）以及插圖紀錄片《同時在舊金山：這座城市的自述》（*Meanwhile in San Francisco: The City in its Own Words*）的插畫家。麥克諾頓是「繪畫的女性」（Women Who Drawing）倡議資料庫的共同創辦人，也是「一起畫畫」（Draw Together）（以學習為基礎的兒童繪畫節目）的創作者暨主持人。

伊夫・貝哈爾（Yves Béhar）

設計師、企業家以及 fuseproject 的創始人兼執行長，對貝哈爾來說，綜合產品、品牌和體驗設計是任何企業的基石，他率先將設計作為一種積極正面的社會和環境變革力量，並且是創業創意設計的領軍人物，他與別人共同創立了 FORME Life、August 以及 Canopy。貝哈爾與眾多初創公司合作過，例如 Happiest Baby Snoo、Uber、Cobalt、Desktop Metal 以及 Sweetgreen。其他著名的合作事業包括赫曼・米勒公司（Herman Miller）、摩凡陀（Movado）、三星（Samsung）、彪馬（Puma）、三宅一生（Issey Miyake）、普拉達（Prada）、舒達氧（SodaStream）、妮維雅（Nivea）和海洋清理基金會，其中許多專案都在國際間獲得交口稱譽。

查克・史奈德（Zack Snyder）

電影導演、電影製片人、編劇和攝影師，他以動作片與科幻片而名揚四海，例如《300壯士：斯巴達的逆襲》（300, 2007）、《守護者》（*Watchmen*）（2009）、《超人：鋼鐵英雄》（*Man of Steel*, 2013）、《蝙蝠俠對超人：正義曙光》（*Batman v Superman: Dawn of Justice*, 2016）、查克・史奈德的《正義聯盟》（*Zack Snyder's Justice League*, 2021）以及《活屍大軍》（*Army of the Dead*, 2021）。

註釋

前言

1 Giambattista Vico, De antiquissima Italorum sapientia ex linguae latinae originibus eruenda (1710).

2 Vilhelm Ekelund, quoted in Howard Junker (ed.), The Writer’ s Notebook (HarperCollinsWest, 2008), p. 1.

3 Anne-Marie Carrick and Manuel Sosa, “Eight Inc. and Apple Retail Stores,” case study, INSEAD Creativity-Business Platform (INSEAD, 2017), p. 6.

4 “Apple Computer Inc.: Flagship Retail Feasibility Report,” Eight Inc., San Francisco—Strategic Design Consultants, August 1996.

5 華特・艾薩克森（Walter Isaacson）所著的《賈伯斯傳》傳達了賈伯斯對蘋果直營店發展的看法。其他相關記述請參見：Jerry Unseem, “How Apple Became the Best Retailer in America,” CNNMoney, August 26, 2011; and Carrick and Sosa, “Eight Inc. and Apple Retail Stores.”

6 Carrick and Sosa, “Eight Inc. and Apple Retail Stores,” p. 8.

7 Unseem, “How Apple Became the Best Retailer.”

8 當然，最終，他們在一些新店面中取消了海報，取而代之的是數位顯示器。根據柯比的說法：「現在更多的是數位看板之類的東西。我們早在很久以前就提出了這項建議，但當時我們無法證明其成本的合理性。」

第一章

1 T.S. Eliot, The Use of Poetry and the Use of Criticism (Faber and Faber, [1933] 1964), p. 144.

2 Joan Didion, “Why I Write,” New York Times, December 5, 1976, p. 270. Adapted from a lecture delivered at the University of California at Berkeley.

3 Umberto Eco, Postscript to The Name of the Rose (Harcourt, 1984), p. 28.

4 Tim Brown, “Designers—Think Big!” TED talk, July 2009, https://www.ted.com/talks/tim_brown_designers_think_big/ transcript.

5 Bill Watterson, “Some Thoughts on the Real World by One Who Glimpsed It and Fled,” Kenyon College commencement address, May 20, 1990.

6 See, for example, Frank Wilson, The Hand: How Its Use Shapes the Brain, Language, and Human Culture (Pantheon, 1998); Daniel Pink, A Whole New Mind (Riverhead Books, 2008); Matthew B. Crawford, Shop Class as Soulcraft: An Inquiry into the Value of Work (Penguin, 2009); Mihaly Csikszentmihalyi, Flow: The Psychology of Optimal Experience (Harper and Row, 1990) and Creativity: Flow and the Psychology of Discovery and Invention (HarperCollins, 1996); Jonah Lehrer, Imagine: How

Creativity Works (Houghton Mifflin Harcourt, 2012); Tim Brown, Change by Design: How Design Thinking Transforms Organization and Inspires Innovation (Harper Business, 2009); Peter Rowe, Design

Thinking (MIT Press, 1987); Roger Martin, The Opposable Mind andThe Design of Business (Harvard Business Press, 2009).

7 關於這個問題的不同觀點，特別是涉及材料參與方面的，可以參考以下來源：Pamela H. Smith, Amy R.W. Meyers, and Harold Jo Cook (eds.), Ways of Making and Knowing: The Material Culture of Empirical Knowledge (University of Michigan Press, 2014).

8 Darrin McMahon, Divine Fury: A History of Genius (Basic Books, 2013), p. xvii.

9 Marjorie Garber, "Our Genius Problem," The Atlantic, December 2002, https://www.theatlantic.com/magazine/archive/2002/12/our-genius-problem/308435/.

10 Garber, "Our Genius Problem."

11 Elizabeth Gilbert, "Your Elusive Creative Genius," TED talk, February 2009, https://www.ted.com/talks/elizabeth_gilbert_on_genius?language=en.

12 Immanuel Kant, "Fine Art Is the Art of Genius," Critique of Judgment (1790), trans. James Creed Meredith, section 46.

13 Christine Battersby, Gender and Genius: Towards a Feminist Aesthetics (Indiana University Press, 1989).

14 Janice Kaplan, The Genius of Women: From Overlooked to Changing the World (Penguin, 2020); Craig Wright, The Hidden Habits of Genius: Beyond Talent, IQ, and Grit—Unlocking the Secrets of Greatness (HarperCollins, 2020).

15 Harold Bloom, Genius: A Mosaic of 100 Exemplary Creative Minds (Warner Books, 2002).

16 David Shenk, The Genius in All of Us: Why Everything You've Been Told About Genetics, Talent, and IQ Is Wrong (Doubleday, 2010).

17 Quoted in Garber, "Our Genius Problem."

18 Aristotle, att. by Seneca in Moral Essays, "De Tranquillitate Animi" (On Tranquility of Mind), sct. 17, subsct. 10.

19 Margot Wittkower and Rudolf Wittkower, Born Under Saturn: The Character and Conduct of Artists (Norton, 1969; reprinted NYRB Classics, 2006), p. 72. 20 Victor Hugo, "A Medley of Philosophy and Literature," The New England Magazine (September 1835).

21 Homer, The Odyssey, trans. Robert Fagles (Penguin, 1996), p. 77. A more recent translation by Emily Wilson (W.W. Norton & Company, 2017) reads, "Tell me about a complicated man" (p. 105).

22 Isabel Allende in Meredith Maran (ed.), Why We Write : 20 Acclaimed Authors on How and Why They Do What They Do (Plume, 2013), p. 6.

23 From Ursula K. Le Guin, "Where Do You Get Your Ideas From?" [1987], in Le Guin, Dancing at the Edge of the World: Thoughts on Words, Women, Places (Grove Atlantic, 2017), pp. 192 - 200.

24 Lorne M. Buchman, Still in Movement: Shakespeare on Screen (Oxford University Press, 1991).

第二章

1 Philip Roth in conversation with Terry Gross on Fresh Air, National Public Radio (2006). Transcribed at https://www.npr.org/2018/05/25/614398904/fresh-air-remembers-novelistphilip-roth.

2 W.H. Auden, The Dyer' s Hand (Faber and Faber, [1962] 2013), p. 67.

3 Quoted in Brassai, Conversations with Picasso (University of Chicago Press, 2002), p. 66.

4 Nicole Krauss, interview with Rabbi David Wolpe on her fourth novel, Forest Dark, Skirball Cultural Center, Los Angeles, CA, September 24, 2017.

5 John Keats, The Complete Poetical Works and Letters of John Keats, Cambridge Edition (Houghton, Mifflin and Company, 1899), p. 277.

6 See Robert Unger, False Necessity: Anti-Necessitarian Social Theory in the Service of Radical Democracy (Verso, 2004), pp. 279 - 80.

7 Charles Baudelaire, "The Painter of Modern Life" (1863).

8 John Dewey, Art as Experience (Penguin Perigree, 2005), pp. 33 - 34.

9 Quoted in Wilfred Bion: Los Angeles Seminars and Supervision (Routledge, 2013), p. 136.

10 Richard P. Benton, "Keats and Zen," Philosophy East and West, 16(1/2), 1967, pp. 33 - 47.

11 Donald Schon, The Reflective Practitioner: How Professionals Think in Action (Basic Books, 1983), p. 49.

12 Richard Hugo, The Triggering Town: Lectures and Essays on Poetry and Writing (W.W. Norton & Co., 1979), pp. 14 - 15.

13 Amy Tan, "Where Does Creativity Hide?" TED talk, February 2008, https://www. ted.com/talks/amy_tan_where_does_creativity_hide/transcript?language=en. 除非另有註明，所有後續引述均來自此演講。

14 Tom Stern, My Vanishing Twin (Rare Bird Books, 2017).

15 Parker J. Palmer, On the Brink of Everything (Berrett-Koehler Publishers, 2018), n.p.

16 Josipovici, Gabriel, Writing from the Body (Princeton, NJ: Princeton University Press, 1982), p. 79

17 Tan, "Where Does Creativity Hide?"

18 我借用了「宇宙劇院」（cosmic theater）這一用語，來自大衛· 羅森堡（David Rosenberg），他以聖經敘事闡述了與譚恩美的宇宙學重疊的思想。參見他的作品：Educated Man: A Dual Biography of Moses and Jesus (Counterpoint Press, 2010) and A Literary Bible: An Original Translation (Counterpoint Press, 2009).

19 Peter Wollen, Signs and Meaning in the Cinema (Indiana University Press, 1972), p. 113.

20 Rob Feld, Adaptation: The Shooting Script (Dey Street/ William Morrow, 2012), p. 121.

21 Feld, Adaptation, p. 118.

22 Feld, Adaptation, p. 119.

23 Paul Valery, "Recollection," in Collected Works, vol. 1, trans. David Paul (Princeton University Press, 1972).

24 Susan Bell, The Artful Edit: On the Practice of Editing Yourself (W.W. Norton, 2007).

25 Roland Barthes, The Rustle of Language, trans. Richard Howard (Hill and Wang, 1986), p. 289.

第三章

1 From Henry Moore: Sculpture and Drawings; quoted in Robert Motherwell, "A review of Henry Moore: Sculpture and Drawings," The New Republic, October 22, 1945, https://newrepublic.com/article/99274/henry-moore.

2 Philip Glass quoted in Zachary Woolfe, "Remixing Philip Glass," New York Times Magazine, October 5, 2012.

3 Dean Young, The Art of Recklessness: Poetry as Assertive Force and Contradiction (Graywolf Press, 2010), p. 62.

4 Ann Hamilton, "Making Not Knowing," in Mary Jane Jacob and Jacquelynn Baas (eds.), Learning Mind: Experience into Art (University of California Press, 2009), p. 68.

5 Ann Hamilton in conversation with Krista Tippett, "Making, and the Spaces We Share," On Being podcast, November 19, 2015, https://onbeing.org/programs/ann-hamilton-making-and-thespaces-we-share/.

6 Peter Brook, The Empty Space (New York, Touchstone, 1968), p. 7.

7 John Heilpern, The Conference of the Birds (Faber and Faber, 1977), p. 4.

8 2017 年 5 月，我在舊金山美國音樂劇院看到了布魯克製作的《戰場》（Battlefield）。這是他 1985 年開創性的古印度史詩《摩訶婆羅多》改編的後續作品，我也有機會在布魯克林音樂學院看到該作品的演出。《戰場》濃縮了 1985 年原作中遺漏的一個片段（而原作是一齣長達 9 小時的製作！）。在《戰場》期間，與時任 ACT 藝術總監的凱里 · 佩洛夫的對話中，布魯克坦率地說：這些年來，他仍然認為「求知而行」的精神是實現「即時劇場」的基礎。他簡單而美麗地表達了這一點：「一做，一失敗，就更接近真理，認識真理。」

9 策展人艾德麗安・愛德華茲完美地總結了這個計畫：「這個節目旨在向美國首位主流黑人藝人伯特・威廉斯（Bert Williams）致敬，演出的最後五分鐘因為電視觀眾而受到審查，導致維林對隔離歷史和表演中種族主義刻板印象的尖銳評論在家中的觀眾無法理解。參見：https://henryart.org/programs/screening-discussionuntil-until-until.

10 Nithikul Nimkulrat, "Hands-on Intellect: Integrating Craft Practice into Design Research," International Journal of Design, 6(3): 1 – 14.

11 "Rosanne Somerson on the Challenges of Design Education," Disegno, January 3, 2014, https://www.disegnodaily.com/article/rosanne-somerson-on-thechallenges-of-design-education.

12 Alexa Meade, "Your Body Is My Canvas," TED talk, September 2013, https://www.ted.com/talks/alexa_meade_your_body_is_my_canvas.

13 Chuck Close interviewed in Joe Fig (ed.), Inside the Painter' s Studio (Princeton Architectural Press, 2009), p. 42.

14 Chuck Close: A Portrait in Progress (1997), dir. Marion Cajori.

15 Wisława Szymborska, "I Don' t Know," The New Republic, December 30, 1996, https://newrepublic.com/article/100368/i-dont-know.

第四章

1 Poul Bitsch Olsen and Lorna Heaton, "Knowing through Design," in Jesper Simonsen et al. (eds.), Design Research: Synergies from Interdisciplinary Perspectives (Routledge, 2010), p. 81.

2 James Self, "To Design Is to Understand Uncertainty," September 8, 2012, IndustrialDesign.Ru, http://www.industrialdesign.ru/en/news/view_37/.

3 近期的設計學術研究探討了超越問題解決觀念的想法。像安妮・伯迪克（Anne Burdick）這樣的作家闡述了設計作為一種自我反思的實踐，以及具有政治和社會意義的行為的演變。然而，這本書中所訪問的設計師們都從問題解決的角度來看待他們的工作，因此我將討論範圍限制在這一關注點上。

4 Norman Wilkinson, A Brush with Life (Seeley Service, 1969), p. 79.

5 Saul Steinberg, quoted in Chris Ware, "Saul Steinberg' s View of the World," The New York Review of Books, May 26, 2017, https://www.nybooks.com/daily/2017/05/26/saul-einbergsview-of-the-world/.

6 E.H. Gombrich, as widely paraphrased from Art and Illusion (Pantheon, 1960).

7 Joan Didion: The Center Will Not Hold (2017), dir. Griffin Dunne.

8 Didion, "Why I Write."

9 Olsen and Heaton, "Knowing through Design," p. 81.

第五章

1 雖然這句話被廣泛引用和改編，但它最常被認為出自於富勒（Millard Fuller），他是「國際仁人家園」（Habitat for Humanity）的創辦人。參見：https://fullercenter.org/quotes/.

2 David Morley, The Cambridge Introduction to Creative Writing (Cambridge University Press, 2007), p. 128.

3 Quoted in Aaron L. Berkowitz, The Improvising Mind: Cognition and Creativity in the Musical Moment (Oxford University Press, 2010), p. 11.

4 Notes to Polyphasic Recordings' CCMC reissue project, quoted at https://en.wikipedia.org/wiki/CCMC_(band).

5 桑塔盧西亞將這部作品與邁克爾· 弗雷恩（Michael Frayn）的戲劇《無事生非》（Noises Off）（1982）進行了比較，該戲劇戲劇化了劇場製作的幕後世界。

6 Jerzy Grotowski, Towards a Poor Theatre (Simon & Schuster, 1968), p. 21.

7 Grotowski, Towards a Poor Theatre, p. 17.

8 Grotowski, Towards a Poor Theatre, p. 17.

9 Amy Nostbakken and Norah Sadava, "A Note from the Creators," in Mouthpiece (Coach House Books, 2017), p. 11.

第六章

1 Rabbi Jonathan Sacks, "Doing and Hearing," https://rabbisacks.org/doing-and-earingmishpatim-5776/#_ftnref5.

2 據說這句話寫在費曼 1988 年去世時的黑板上。詳見：Michael Way, "What I cannot create, I do not understand," Journal of Cell Science 130 (2017): 2941 - 42.

3 Charles J. Limb and Allen R. Braun, "Neural Substrates of Spontaneous Musical Performance: An fMRI Study of Jazz Improvisation," PLoS ONE 3(2): e1679, https://doi.org/10.1371/journal.pone.0001679.

4 Discussed in Aaron L. Berkowitz, The Improvising Mind: Cognition and Creativity in the Musical Moment (Oxford University Press, 2010), pp. 142 - 43. See also Limb' s TED talk, "Your Brain on Improv," as well as Jonah Lehrer' s account in Lehrer, Imagine, pp. 89 - 93.

5 Lehrer, Imagine, pp. 90 - 91. 強調為本人所加。

6 Charles Limb, "Your Brain on Improv," TED talk, January 2011, https://www.ted.com/talks/charles_limb_your_brain_on_improv.

7 Quoted in Kevin Loria, "Something Weird Happens to Your Brain When You Start Improvising," Business Insider, April 8, 2015.

8 See Berkowitz, The Improvising Mind, and also Aaron L. Berkowitz and Daniel Ansari, "Generation of Novel Motor Sequences: The Neural Correlates of Musical Improvisation," NeuroImage, 41 (2008), pp. 535 - 43.

9 Lehrer, Imagine, p. 92.

10 Maurice Merleau-Ponty, "On the Phenomenology of Language," in Signs, trans. Richard C. McCleary (Northwestern University Press, 1964), p. 88.

11 Rosamond Mitchell and Florence Myles, Second-Language Learning Theories, 2nd ed. (Routledge, 2013), p. 12.

12 Adam Phillips, "Against Self-Criticism," https://www.lrb.co.uk/the-paper/v37/n05/adam-phillips/against-self-criticism.

13 Phillips, "Against Self-Criticism." The Richard Poirier book Phillips cites is The Performing Self: Composition and Decomposition in the Languages of Contemporary Life (Rutgers University Press, 1992).

14 Phillips, "Against Self-Criticism."

15 Selma Fraiberg, The Magic Years: Understanding and Handling the Problems of Early Childhood (Simon & Schuster, 1959). 我對弗雷伯格（Fraiberg）作品的興趣來自於我與艾米・班德的對話，她在我們關於進入創造性世界的討論中提供了一個重要的類比。

16 我的評論主要基於過去 30 年來在各種藝術與設計學院的經驗。我積極參與獨立藝術暨設計學院聯盟（Association of Independent Colleges of Art and Design，AICAD），這是一個由美國和加拿大 39 所領先學校組成的聯盟。每所學校在教授的學科和方法上有時有所不同，但都在不同程度上依賴於我在此概述的教育原則。

17 See https://www.dblresources.org/.

18 Michael McNichol, "Roads Gone Wild," Wired Magazine, December 2004. See also Adam Phillips, Unforbidden Pleasures (Farrar, Straus and Giroux, 2015).

19 McNichol, "Roads Gone Wild."

20 McNichol, "Roads Gone Wild."

21 McNichol, "Roads Gone Wild."

22 Adam Phillips, "Red Light Therapy," Harper' s Magazine, May 2016, https://harpers.org/archive/2016/05/red-light-therapy/.

23 在赫雪爾去世前不久（1972）的 NBC 電視訪談中提到，參見：https://www.youtube.com/watch?v=FEXK9xcRCho.

圖片來源

19, Eight Inc.;
73, ©Diana Thater. Courtesy David Zwirner. Photo: Fredrik Nilsen;
75, Michael D. Powers;
78, ©Diana Thater. Courtesy David Zwirner. Photo: Fredrik Nilsen;
86, 87, Zack Snyder;
104, Thibault Jeanson;
107, ©Mary Ellen Mark;
109, Courtesy of Edgar Arceneaux and Vielmetter Los Angeles;
111, Courtesy of Edgar Arceneaux and Watts House Project;
112, Courtesy of Edgar Arceneaux and Watts House Project;
112, Sheila Low;
114, Carlos Grana;
117, Alexa Meade;
117, Alexa Meade and Sheila Vand;
121, Iris & B.Gerald Cantor Center for Visual Arts at Stanford University, Gift of John Flather and Jacqueline Roose;
123, Wendy MacNaughton;
127, Esther Pearl Watson;
130, Ann Field;
138, Sean Adams;
143, Tesla Inc. and Franz von Holzhausen;
149, Rendering by Sora.©Gehry Partners, LLP;
150, Gehry Partners, LLP;
151, Gehry Partners, LLP;
158, Artists: Nik Hafermaas, Dan Goods, David Delgado, Jeano Erforth. Animation and Programming: Ivan Cruz. Engineering and Fabrication: E Ink Corporation. Project Management: Jeano Erforth, Ueberall International. Photographer: Pablo Mason;
160, designed by David Mocarski, Arkkit forms design;
161, Main Bocher, Vogue ©Conde Nast;
167, 'THE SIMPSONS' ©2005 Twentieth Century Fox Television. All rights reserved.;
190, Connor Low;
195, Clea Christakos-Gee;
209, Brooke Wedlock;
214, Lyle Bell;
225, ©A.C. Fine Art Inc.

Make to know 創意成真

Make to know : from spaces of uncertainty to creative discovery

作　　者　羅恩 .M. 布赫曼 (Lorne M. Buchman)
譯　　者　陳柏霖、 吳郁芸
責任編輯　張沛然

版　　權　吳亭儀、江欣瑜
行銷業務　周佑潔、林詩富、吳淑華、吳藝佳
總 編 輯　徐藍萍
總 經 理　彭之琬
事業群總經理　黃淑貞
發 行 人　何飛鵬
法律顧問　元禾法律事務所　王子文律師
出　　版　商周出版　115 台北市南港區昆陽街 16 號 4 樓
電話：(02) 25007008　傳真：(02)25007579
E-mail：ct-bwp@cite.com.tw　Blog：http://bwp25007008.pixnet.net/blog
發　　行　英屬蓋曼群島商家庭傳媒股份有限公司城邦分公司
115 台北市南港區昆陽街 16 號 8 樓
書虫客服服務專線：02-25007718　02-25007719
24 小時傳真服務：02-25001990　02-25001991
服務時間：週一至週五 9:30-12:00　13:30-17:00
劃撥帳號：19863813　戶名：書虫股份有限公司
讀者服務信箱 E-mail：service@readingclub.com.tw
香港發行所　城邦（香港）出版集團有限公司
香港九龍土瓜灣土瓜灣道 86 號順聯工業大廈 6 樓 A 室
E-mail: hkcite@biznetvigator.com　電話：(852)25086231　傳真：(852)25789337
馬新發行所　城邦（馬新）出版集團 Cite (M) Sdn Bhd
41, Jalan Radin Anum, Bandar Baru Sri Petaling, 57000 Kuala Lumpur, Malaysia.
Tel: (603) 90563833　Fax: (603) 90576622　Email: services@cite.my

封面設計　李東記
印　　刷　卡樂彩色製版印刷有限公司
總 經 銷　聯合發行股份有限公司　新北市 231 新店區寶橋路 235 巷 6 弄 6 號 2 樓
電話：(02) 2917-8022　傳真：(02) 2911-0053

■2024 年 9 月 5 日初版

城邦讀書花園
www.cite.com.tw

Printed in Taiwan

定價 450 元

ISBN 978-626-390-266-4

國家圖書館出版品預行編目 (CIP) 資料

Make to know 創意成真 / 羅恩 .M. 布赫曼 (Lorne M. Buchman) 著；陳柏霖，吳郁芸譯 . -- 初版 . -- 臺北市：商周出版：英屬蓋曼群島商家庭傳媒股份有限公司城邦分公司發行，2024.09
面；　公分
譯自：Make to know：from spaces of uncertainty to creative discovery
ISBN 978-626-390-266-4(平裝)

1.CST: 創意 2.CST: 創造性思考

176.4　　113012361